中小幼教师如何做好教科研

刘大伟 著

丛书顾问 周洪宇
丛书主编 刘大伟 张爱平

南京教育文库

生活·实践教育系列成果

顾明远题

南京出版传媒集团
南京出版社

图书在版编目（CIP）数据

中小幼教师如何做好教科研 / 刘大伟著. -- 南京：南京出版社

（南京教育文库）

ISBN 978-7-5533-4033-3

Ⅰ. ①中… Ⅱ. ①刘… Ⅲ. ①教师 - 教育科学 - 科学研究 Ⅳ. ①G420

中国版本图书馆CIP数据核字(2022)第245273号

丛 书 名： 南京教育文库
丛书顾问： 周洪宇
丛书主编： 刘大伟　张爱平
书　　名： 中小幼教师如何做好教科研
作　　者： 刘大伟
出版发行： 南京出版传媒集团
南　京　出　版　社

社址：南京市太平门街53号　　邮编：210016

网址：http://www.njcbs.cn　　电子信箱：njcbs1988@163.com

联系电话：025-83283893、83283864（营销）　025-83112257（编务）

出 版 人： 项晓宁
出 品 人： 卢海鸣
责任编辑： 崔龙龙
装帧设计： 张　森
责任印制： 杨福彬

排　　版： 南京新华丰制版有限公司
印　　刷： 江苏凤凰通达印刷有限公司
开　　本： 787 毫米 × 1092 毫米　1/16
印　　张： 8.25
字　　数： 110千
版　　次： 2023年3月第 1 版
印　　次： 2023年3月第 1 次印刷
书　　号： ISBN 978-7-5533-4033-3
定　　价： 60.00 元

用微信或京东APP扫码购书

用淘宝APP扫码购书

总　序

不忘本来　吸收外来　面向未来

南京作为六朝古都，历史悠久，底蕴深厚，自古以来就是东南一带的政治、经济、文化中心。南北朝时期，宋文帝首开中国古代教育分科先河，在南京开设儒学馆、史学馆、文学馆和玄学馆，以分科的形式传经授道；梁代的五经博士以考试选拔人才，为隋唐科举制的实施奠定了基础。南京教育在明代更是达到了一个巅峰，不仅全国最高学府国子监设立于鸡鸣山下，且乡试、会试考场也设置于秦淮河畔的夫子庙，“天下文枢”也因此而闻名宇内。与官学相颉颃，私学在南京也有着悠久的传统，宋代的明道书院，明代的江干书院、新泉书院、崇正书院，清代的钟山书院、惜阴书院等，为学术思想的传承、学术流派的形成打下了扎实的基础。

民国以来，南京成为中西方教育思想汇聚的交融地，一大批本土教育家和海归教育家以南京为基点，加入了绘制中国近现代教育改革的蓝图大业中。张謇、沈恩孚、江谦、袁希涛、黄炎培、郭秉文、陶行知、陈鹤琴、邰爽秋、吴贻芳、俞子夷等一批学贯中西的教育家致力于南京教育的改革与发展，“生活教育”“活教育”等教育思想在南京萌芽、丰富与完善，铸就了传承至今的晓庄学院、鼓楼幼儿园等一批教育实践的典型代表。这些源于南京的教育思想与实践以中国基本国情为基础，对西方教育思想与实践进行了创造性转换与创新性发展，走出了一条独具中国特色的教育改革发展之路，一改民初“仪型他国”的社会风气，也为随后很长一段时间的中国教育改革与发展指明了方向。如果说，北京是近现代中国思想变革的策源地，那么南京一定是近现代中国教育思想变革的策源地，也是中国式教育现代化的起源地。

“敢探未发明的新理，敢入未开化的边疆”，这是我对南京教育的一个直观看法。这既有陶行知、陈鹤琴等教育先辈们对我的影响，也有我与南京教育人交往后的感触。早在1982年，我因为编撰《陶行知全集》，就多次来到南京市晓庄师范学校、南京大学、南京图书馆查找资料，认识了一批南京教育界的朋友。近年来，由于工作的关系，我常常有机会参加南京的基础教育活动，也因此与百军局长、张生书记结下了深厚的友谊，对新时代以来南京教育的高质量发展有了深厚的感悟。在学前教育普惠优质发展方面，南京普惠性幼儿园覆盖率达89%，优质园覆盖率达92%，率先全市域创成“江苏省学前教育改革发展示范区”；在义务教育优质均衡发展方面，南京义务教育优质资源覆盖率达98.6%，学校标准化率保持在100%，率先全市域通过“全国义务教育发展基本均衡县（市、区）”评估；在高中教育多样特色发展方面，南京整体规划和建设学术型、特色型、综合型普通高中，实施高中布局优化行动计划，全市达省定三星级以上的公办普通高中比例达95.5%；在特殊教育融合优质发展方面，南京建立了特殊教育工作联席会议制度，建立起从学前教育到高等教育全纳性的现代特殊教育体系，实现了全市所有街（镇）学前、义务教育阶段学校融合教育资源中心全覆盖。

南京教育能够取得如此优异的成绩，既有教育行政部门在方向上的正确指引，也有每一位普通南京教育人在岗位上的默默付出，因而我们既要关注教育宏观问题，也要关注微观上每一位教师、每一件事、每一个孩子。2022年1月，我的学生大伟从南京晓庄学院调任南京市教育科学研究所主持日常工作，我建议他既要在宏观上发挥市教科所作为教育智库的功用，也要关注到学校的内涵发展，更要关注到每一位教师的专业发展，因为教师的发展是学校发展的基础，只有教师发展好了，学校才能发展，而最终指向的必然是孩子的发展。因此我提议他能否整理出版一套“南京教育文库”，通过文库工作推动一批专家型教师梳理提炼教学主张、教育理念和学术思想，以时代为观照，立足南京教育实际，解决中国教育问题，推进南京教科研在知识创新、理论创新和方法创新上不断传承与发展。大伟很快邀请了南京一批名特优教师参与“南京教育文库”的编写工作，并规划了持续长达8—10年的发展计划，其中包括了写作指导、出版、评奖、宣传等全方位的保障体系建设。这一宏大体系建设还得到了顾明远先生的肯定与点赞，并欣然赐予墨宝“南京教育文库”六字。

“南京教育文库”的提出与推进，对于基础教育界具有非同寻常的意义，具体我认为有以下几点价值：

第一，独特性。毋庸置疑，每一个城市的教育发展都有独到之处和自身特点，但南京的教育发展与其他城市相比，其特点更加明显、风格更加独特。在江苏提出率先实现教育现代化的进程中，南京确立了“加快建设现代化教育强市、以高质量教育支撑高质量发展”这一战略目标，更加自觉地坚持教育优先发展、科学发展、创新发展。南京教育的主要发展指标已达到或超过OECD（经济合作与发展组织）发达国家和地区的平均水平，教育现代化水平连续六年获江苏省第一，在省对设区市政府履行教育职责考评中连续三年位居江苏省前列。可以说，南京教育在江苏省甚至全国都具有标杆性的独特作用。而如何将这种独特价值展现出来，“南京教育文库”的编撰正好起到了这一作用。这套丛书通过挖掘梳理南京教育的内涵，将南京教育的独特做法与经验理论化和系统化，既是对南京教育光辉历史过往的追溯与总结，也是对南京教育未来的期待与展望，更是可以成为中国教育改革与发展的地方样本。

第二，人本性。人的发展是教育的出发点和归宿，人的活动是教育的核心和关键，这是我近些年来提出的教育活动史的一个重要观点。教师是教育发展中的人，我们各级教育行政部门应该给予他们更多的关注与关心，特别对于一批具有典型性和代表性的教师，我们应该提供各种条件帮助他们总结、凝练、宣传、推广他们的教育理论与实践。就我所知，目前国内还尚未有类似的丛书出版。南京市教科所率全国之先，关注教育活动中的人，为教师的研究提供物质保障和学术指导，帮助他们在研究中发展，在实践中成熟，在推广中完善，可谓真正地将教师置于教育活动的中心地位，实现了以人为本的目的。

第三，开放性。对于这套丛书的设计与出版，我跟大伟提议，除了考虑名特优教师的教育思想总结与凝练外，还要在未来考虑对青年教师的支持，特别是要支持一批“学带”“优青”等具有基础的青年教师。南京教育近年来提出了如“宁教杰青”等一系列教师培育计划，我想我们的工作在未来还要吸收这样的教师参加“南京教育文库”的编写工作，加快对青年教师的培养速度。在学段上，我建议他要综合考虑各学段人员的配置，中学、小学、幼儿园各学段教师都要涉及，还要考虑在教师发展中心、教研室、教科所等单位工作的人员，更要考虑在学校管理岗位有丰富经验的教育管理者，这样就可以让我们这项工作更加开放、更加多元。

第四，持续性。南京教育的发展历史是一个整体，我们要做到不忘本来，吸收外来，面向未来，既要思考南京教育从哪里来，也要想好往哪里去，更要做好走向的持续性。因而对于这套丛书我还是有一个期待的，期待这套丛书能够持久地做下去，做成制度，做成系列，做成品牌，让更多的教师参与其中，享受到教育改革发展的红利，并在这项工作中得到发展、得到进步。我还希望将来“南京教育文库”能够借鉴“教育智库与教育治理50人圆桌论坛”的思路，形成一支队伍、一项制度、一套丛书、一个论坛、一个品牌的“五个一”发展思路，为南京教育的高质量发展注入持续不断的动力。当然，我也知道为了这套丛书的出版，大伟费尽了心思，他跟我说他要以陶行知办学的事迹为榜样，四处化缘筹措出版经费，找寻出版社确保进度，策划高级别平台宣传，以及筹划、参与各级各类评奖。我希望他能够保持这种工作激情的持续性，将这项工作一直做下去，实现陶公所说的“为一大事来，做一大事去”的理想目标。

合抱之木，生于毫末；九层之台，起于累土；千里之行，始于足下。“南京教育文库”的出版在不久的将来必然会成为中国教育界重要的一棵“合抱之木”、一座“九层之台”。我也衷心希望参与到文库编写工作的同志们千里之行，永不停歇！

是为序。

周洪宇
2022年11月22日
于武昌东湖

（作序者系第十三届全国人大常委会委员、湖北省人大常委会副主任，中国教育学会副会长、中国教育发展战略学会副会长、长江教育研究院院长、华中师范大学国家教育治理研究院院长，博士生导师）

目 录

绪 论 / 001

第一章 如何写好论文?

一、如何定好选题？ / 001

（一）选题新颖 / 001

（二）选题持续 / 012

（三）选题前沿 / 015

二、如何选择期刊？ / 021

三、如何写作？ / 038

（一）形成观点 / 039

（二）深入思考并撰写 / 040

（三）反复打磨 / 072

四、如何投稿？ / 073

五、中小幼教师能发表SSCI论文吗？ / 074

第二章 如何写好课题?

一、如何写好全国教育科学规划项目申报材料？ / 077

（一）什么是全国教育科学规划项目？ / 077

（二）中小幼教师能申报吗？ / 077

（三）如何能够成功申报全教规项目？ / 087

二、如何申报教育部人文社科基金、江苏省社科基金和南京市社科基金？ / 096
（一）教育部人文社科基金 / 096
（二）江苏省社科基金 / 099
（三）南京市社科基金 / 099
三、如何写好江苏省教育科学规划项目申报材料？ / 100
（一）选题缘起 / 100
（二）课题的核心概念及其界定 / 101
（三）综述撰写：国内外同一研究领域现状与研究的价值 / 101
（四）研究目标、内容和重点 / 105
四、如何开题与结题？ / 106
第三章　如何写出专著？
一、如何定好选题？ / 109
二、如何完成写作？ / 109
三、如何出版？ / 112
第四章　如何参加评奖？ / 113
一、有什么奖项可以参与？ / 113
二、如何做好申报？ / 114
后　记 / 117

绪　论

一、上级文件的高位引领

2019年10月，教育部发布《教育部关于加强新时代教育科学研究工作的意见》，其中明确提出，“教育科研队伍是教育科学研究的第一资源。各级教育行政部门要把教育科研队伍建设作为基础工作来抓”“鼓励支持中小学教师增强科研意识，积极参与教育教学研究活动，不断深化对教育教学改革的规律性认识，探索适应新时代要求的教书育人有效方式和途径，推进素质教育发展”“中小学要积极开展教育教学实践研究，改进教学方法，提高教育质量”。文件的颁布对我们基础教育教师队伍参与教科研提出了基本要求，因为教科研的价值意义是与育人方式紧密相连的。该文件同时还提出要“积极搭建平台，壮大教育科学普及专家队伍，传播先进教育理念，普及教育科学知识”。正是基于对文件精神的深入学习与贯彻落实，我开始结合我培养本科生、研究生的经历思考，如何能够将一些基础的科研知识普及给广大中小学教师，还要通俗易懂、便于操作。基于对文件高位引领的理解，我想能不能将我给本科生、研究生讲毕业论文的讲义扩展开来，做成一本普及性的小册子，让更多有志于科研的中小幼教师学习借鉴呢？

二、个人经历缘起

有段时间我常思考，如何引领中小幼教师做好科研工作，科研工作如何能有所创新，如何能更加高效。尤其是这段时间反复出现的疫情，阻碍了教科研工作的现场推进，我就在想如何借助方式方法的创新指导中小幼教师的教科研工作。能不能形成普遍性指导经验，或者汇总出一本小册子，具有普遍学习价值,简明易懂，且具有指导意义呢？巧合的是，科研形式的创新思考与中央文件的高位引领是一致的，这为我下一步推进指明了方向。

在这样的背景下，我想为什么不能以我个人写作、申报课题、撰写专著、指导青年教师的过程为案例，来指导中小幼教师做好教科研呢？中师毕业后我曾在小学任教十年，博士毕业后又相继在南京晓庄学院教师教育学院、幼儿师范学院工作过，了解基础教育教师的生活状态，了解他们需要怎样的教科研指导。同时我还指导我的硕士同学做好教科研，助其顺利评上了中学高级教师，即将参评正高级教师。也就是说，我们这样的一种教科研思路、方法和路径被证明在小学教师中行得通，在中学教师中也行得通。恰好，我还曾担任过南京晓庄学院幼儿师范学院的副院长，参与指导过幼儿园的教科研工作，我认为这样的教科研思路在幼儿教师中也行得通。

思路既然行得通，案例也得具有探索性，需要被证明是可行的、是被学术界所认可的。在论文写作方面，我先后发表了90多篇学术论文，登载在《光明日报》《中国教育报》《中国社会科学报》这类国家级大报上，在《新华文摘》、中国人民大学《复印报刊资料》（以下简称人大复印资料）、《高等学校文科学报文摘》这类权威期刊上得到二次文献转载，此外也刊载在《课程·教材·教法》《教育研究与实验》《现代大学教育》等教育类CSSCI期刊，《浙江社会科学》《江汉论坛》《福建师范大学学报（哲学社会科学版）》等综合类CSSCI期刊，还有《教学与管理》《江苏教育》《教学月刊》等与中小学一线密切贴合的期刊上。在课题申报方面，我顺利获批了国家社科基金教育学一般项目，主持完成了教育部人文社科基金青年项目、江苏省社科基金青年项目、南京市社科基金一般项目、江苏省教育科学规划重点项目、江苏省高校哲社一般项目等，积累了较为丰富的课题申报和研究经验。在图书出版方面，我先后在人民教育出版社、中国社会科学出版社、东北师范大学出版社、南京出版社出版专著6本，主编图书5本，2022—2023年还将出版译著1本，专著2本。总体来说，我在教育科学研究方面算是累积了一点经验，也愿意将经验与广大教师分享。

三、教科研的价值缘起

教科研的价值在学术界已经有很多人论述过，这里就不再重复。我想强调的一点是，对于中小学教师而言，上好一节课、站好三尺讲台是根本，根本不牢地动山摇；而搞好教科研是增长点，是新高度，决定了教师能走多远，教师能走多远又决定了学生能走多远。从这个角度来说，教师做好教科研是勇攀高峰的过程，是挑战自己的过程，是与“躺平”“佛系”生活态度相抗争的过程，是给学生和孩子做榜样的过程。我们在上好课打好基础的同时，选择不断攀升，既是对教学过程的反思与进步，也是不断实现人生价值的过程。总而言之，结合个人工作和研究经历，以及教科研对教师发展的重要价值，我决定写一本小册子，将教科研的一些方法、路径分享出来，让大家不再提到教科研就望而生畏，而是逐渐喜欢上教科研，并深入到教科研中来。

当下，我们强调“破五唯”，不能唯论文、唯帽子、唯职称、唯学历、唯奖项，但我们要厘清的是，“破”并不代表我们不再写作论文，不再申报项目，不再参与评奖，而是说我们的评价体系不再与这五项紧紧挂钩。教科研原本并不与“五唯”相关联，它是我们教师发展的内生动力，只不过由于评价方式的简单化才与“五唯”产生了关联。所以，从教师专业发展、学生发展的角度来说，教科研是我们教师不仅要做，还要尽可能做好的事。

如果简单地对教科研做一个划分，体现出本书的工具属性，我认为可以将其划分为论文、课题和专著三个部分，当然这一划分是否科学、是否妥当，仅仅是我一家之言。我在写作的过程中参考了相关文献，有些学者认为这种简单化的划分存在着功利化的倾向，导致出现重结果轻过程的情况。但我想说明的是，本书撰写的初衷就是教会我们如何做好教科研这件事，陈述的仅仅是做事的过程，至于出发点如何、结果如何，并不是本书要考量的。

此外还需要说明的是，我们所说的教科研仅仅指的是教育科学研究，并不包含教学研究，所以关于教学研究的相关做法不在本书的阐述范围以内。因而，下面我就论文、课题、专著以及评奖四个环节分别阐述。为方便阅读，我也会在其中通过大量的图例来解释每一步进程。

第一章　如何写好论文？

写作是我们开展教科研的起始，而写作的起始点是论文。从最简单的教学反思开始，我们就开始了写作，从反思、案例到论文，再到课题、著作，这是一个不断练习循序渐进的过程。现在新入职的教师，毕业时都要经过毕业论文的考验，少则一两万字，多则三五万字，所以对于论文写作自然更加熟悉，也已经具备了较好的基础。甚至近些年进入基础教育的教师队伍开始出现越来越多的硕士研究生、博士研究生了，他们对于写好论文都具备了丰富的经验。当然，考虑到群体的平均水平，我还是从选题、选刊、写作、投稿几个环节分别谈起。

一、如何定好选题？

（一）选题新颖

选题是写好一篇论文的关键。选题的范围一定要在自己熟悉的领域中，在选定之后要进行反复推敲，这一过程中我们的观点有可能会被自己推翻，也有可能被同伴或专家推翻，但这样的一个过程恰恰是进步的过程。以我近期主持的全国教育科学规划一般项目“教育智库建设的国际经验和中国路径研究”的研究进展为例，我本拟从知识社会学的视角撰写一篇关于知识社会学视角下教育智库知识生产的论文，但我在中国知网查阅了相关前期研究并反复思考甚至动笔后，还是选择了放弃这一选题。原因是我对于知识社会学的相关理论研究的了解还停留在十年前的博士论文选题上，且关于智库知识生产与社会关系的有关文献已经发表，尽管我可能会在角度上有所不同，但基本上已经失去了创新性，被编辑选用的可能性大为降低。

以我们在2016年第1期《南京晓庄学院学报》上发表的《群文阅读教学：概念、价值及实践路径》[①]文章选题为例，这篇论文选题缘起于我与杭州市天长小学的老同事蒋军晶在2015年关于群文阅读教学的探讨。早在2012年左右，他在尝试做群文阅读教学时就邀请我一起参与，当时我忙于撰写博士论文没有精力，直到2015年他与我在重庆开会时再度研讨，认为有必要将群文阅读教学的概念、内涵、外延厘清，所以我们就合作完成了这篇文章。这篇文章的选题优点在于新颖，因为当时对于群文阅读教学的理解还没有完全渗透进教育教学中。另外，本文的概念非常清晰，谈的是“群文阅读教学”而非“群文阅读”，对于概念的界定是非常必要的。本文写完后被一核心期刊采用并要求修改，恰好，我在食堂吃饭时与时任《南京晓庄学院学报》主编钟玖英教授谈起此事，她立刻要求给她刊发，一字不删一字不修。本文刊发后很快引起学术界广泛关注，截止写作时，本文被下载6000余次，被引用249次，已经成为《南京晓庄学院学报》37年办刊史上引用率第一的文献。文章如下：

群文阅读教学：概念、价值及实践路径

南京晓庄学院　刘大伟，杭州市天长小学　蒋军晶

摘要：群文阅读教学是指在单位时间内，围绕一个议题，选择多个文本进行教与学的活动。群文阅读教学价值主要体现在四个方面:实现课程标准阅读量的目标、满足现实生活阅读的需求、改变部分教师的教学习性以及提升学生的阅读思辨力。在群文阅读教学的实践中，教师要从确定议题、选择文章、设计问题三个方面着手合理地构建群文，同时可以采取一篇带多篇、课内多篇、课外多篇的方式进行课堂教学。

关键词：群文阅读教学;概念;价值;实践路

一、 群文阅读教学的概念

群文阅读教学是指在单位时间内，围绕一个议题，选择多个文本进行教

① 刘大伟、蒋军晶：《群文阅读教学：概念、价值及实践路径》，《南京晓庄学院学报》2016年第1期，第33-37页，第123页。

与学的活动。这一阅读教学实践是近年来国内小学语文教育界自下而上发起的一种创造性教学行为，其源头最早可追溯至台湾小学语文教育学会会长赵镜中先生提出的观点，他认为："随着图书出版及学生的阅读量的增加，教师开始尝试群文的阅读教学活动，结合教材及课外读物，针对相同的议题，进行多文本的阅读教学。"在此，赵先生提出了"群文"的概念、初步教学模式及大致特征——"同一个议题、多个文本、探索性教学"。近年来，小学语文教育界开展了大量的群文阅读教学探索，形成了一定的规模和影响力。结合现有的群文阅读教学实践来看，我们认为群文阅读教学必须具备四个要素：多文本、议题、教与学、单位时间。

多文本。多文本是群文阅读教学的核心内容，这里的文本不仅包含纸质文本，也可以是电子、图片、电影等多类型的文本模式。这种多文本的遴选组合模式是群文阅读教学与语文教科书传统的单元整组教学最大的不同，我们将之称为文本选择的"结构化"。英国文学评论家特里·伊格尔顿在《文学事件》（*The Event of Literature*）中明确提出"结构化"的概念，认为"结构化表示一种结构，当然——它是动态中的结构，人们不断根据它要实现的目的进行重构，同时考虑结构产生的新意图"。在伊格尔顿的理解中，文本的结构化是有意识的、有导向的、有明确目的的。所以，结合伊格尔顿的概念，我们在结构化的过程中应形成多元的线索导向，去引导学生实现有目的的重构。当然，在多文本的遴选组合过程中，要充分考虑到文本结构化的内外在联系，考虑到结构应促使学生生成性思维的发展。

议题。议题是群文阅读教学开展的有效策略，以一个问题或问题群的方式呈现出来，用问题来激发学生学习的兴趣，引导学生有效参与群文阅读，并最终推动学生表达陈述出自己对议题的看法或见解。议题的设定与研究过程实际上是培养学生的问题意识过程以及在解决问题过程中思维方式的变更。正如卡尔·波普尔所说，科学最主要的特征是"它始于问题，实践及理论的问题"。群文阅读教学正是以一个议题的方式激活语文课堂，引导学生积极参与课堂探讨，主动思考，发现、提出并解决问题。当然，议题的选择必须要建立在学生认知水平和社会经验的基础之上，才能起到良好的探讨效果。对于议题讨论结果，不一定要有明确的目标导向，即所谓的共识，因为群文阅读教学更多的是以培养学生思维的多元性、丰富性和拓展性为目标，结果是什么并不重要，过程才是关键。

教与学。教与学是群文阅读教学的呈现方式。与单篇阅读教学侧重的字斟句酌、篇章结构分析等有所不同，群文阅读教学不强调对字词、篇章的过多解读，而是侧重于教师以引导性话语促使学生在群文阅读过程中实现思维方式的变更。在教学过程中，教师能够真正地以参与者、引导者的身份出现，以议题的方式给予学生大块的时间，让学生带着问题自主学习。学生则是以课堂主导者身份参与课堂讨论，对议题做出合乎自己理解的解释，实现认知能力、判断能力等一系列能力的培养。这一教与学的过程实际上才是真正地将“教授法”转化为“教学法”的过程。

单位时间。单位时间是群文阅读教学有效性的时间保障。一旦脱离单位时间的约束，群文阅读教学就体现不出与长时段的自主学习、探究学习、合作学习等学习方式之间的差异，也体现不出教师在课堂教学时间段内的有效作用。当然，群文阅读教学中强调的单位时间可能是一节课，也可能是两到三节课，这取决于文本的数量和议题的难度。只有强调了单位时间这一概念，才能体现出群文阅读教学这一基于课堂教学变革的基本特性。

二、群文阅读教学的价值

在现今单篇阅读教学已经很成熟的情况下，为什么要提倡并实践群文阅读教学？群文阅读教学是对单篇阅读教学的一种补充和丰富，两者是相辅相成且各有特点的，群文阅读教学的价值与意义必须是单篇阅读教学无法实现的。所以我们认为群文阅读教学的核心价值体现在以下几点：

（一）实现课程标准阅读量的目标

《义务教育语文课程标准（2011年版）》要求“扩大阅读面，增加阅读量，提高阅读品味……多读书，好读书，读好书，读整本的书”“九年课外阅读总量应在400万字以上”，其中小学低段、中段、高段的课外阅读量不得少于5万字、40万字和100万字。但依据当下小学语文教材来看，以12册教材平均每篇课文500字计，六年下来学生的阅读总量约有15万—20万字，若没有足够强度的课内外阅读量，学生将无法满足课程标准提出的要求。对此，有些学校为了能够实现课外阅读量的目标，提出了诸如海量阅读等多种阅读方式。诚然，这些课外阅读措施确实能够增加学生的阅读量，但质的方面是否能够保证？让学生在课外时间内无引导性、无目的性地阅读，其效果远远不如在课堂内以教师指导的方式展开有目的性的、有引导性的阅读。以当下各地践行的群文阅读教学为例，每节课让学生读5—6篇文章，每篇文章以500字计，一节课学生可以阅读2500—3000字的文章，一学年中每周（一学年按28周计）若有两节群文阅读课，学生阅读量可达到168000字，这将远远超过语文课程标准要求的阅读量。同时，加之以教师的合理选文、有效议题等辅助，不仅量上达到目标，质上也能够得到保证。

（二）满足现实生活阅读的需求

在信息量爆炸的时代，每天不断产生各种各样的信息，这就迫使我们要有快速浏览、搜集、提取、凝练信息的能力，尤其是面对诸如说明书、导览图等各种非连续性信息的时候。为了能够培养学生的这一生活能力，《课程标准》中明确提出要学生学会略读和浏览，小学高段要能够“阅读简单的非连续性文本，能从图文等组合材料中找出有价值的信息”。尽管我们的生活需求及课程标准都提出了符合日常生活的阅读能力目标，但对学生阅读能力的培养依然呈现出慢、精、少、碎的特点，这就导致语文阅读教学与生活需求中那些跳跃性、穿插性、网络状的阅读相背离。群文阅读教学的出现正好改变了这一阅读教学现状，它通过对真实阅读状况的模拟，满足了现实生活阅读的需求，让学生在大量的非连续性文本的阅读过程中自己搜集、提炼文本的精髓要义，锻炼默读、略读和浏览能力，提升阅读速度，最终练就对大量信息的处理能力。此外，从实战角度来看，群文阅读教学也会提高学生的阅读速度和理解能力，使学生在语文考试中不落下风。温儒敏在谈高考语文改革方向时曾经指出，在高考中“个别语文试卷的题量猛增，特别是阅读题，有15%—20%的考生是做不完的”“阅读题中‘非连续性文本’肯定会成为‘新宠’，而且分值不低”。所以，从考试这一功利性的角度出发，群文阅读教学也具有很重要的现实价值。

（三）改变部分教师的教学习性

从1917年陶行知提出将“教授法”改变为“教学法”，我们的教学方法变革已近百年。但事实上在当下的课堂教学中，教授法依然有很大的影响力。在语文课堂教学中，依然存在诸多问题，如教师的引导性话语太多、目标指向性太强、问题设计过多且过于琐碎等。对于这一现象，《课程标准》予以了重视，强调“教师应加强对学生阅读的指导、引领和点拨，但不应以教师的分析来代替学生的阅读实践，不应以模式化的解读来代替学生的体验和思考”。但理论与实践之间的鸿沟该如何弥补？群文阅读教学的适时出现解决了这一难题，它以其多文本、单位时间的特性迫使语文教师不得不放弃课堂中过多的问题和引导性话语，将课堂还给学生，让学生自己“感受、理解、欣赏和评价”，从而彻底改变教师的教学习性。群文阅读教学由于对教师阅读数量、议题设计质量有着非常高的要求，这也倒逼着教师不断阅读，在海量阅读中寻找合适的议题、有效的阅读策略及表达特点，从而提升教师的内涵。

（四）提升学生的阅读思辨力

阅读教学实际上应该更多地教学生阅读策略，教学生在阅读过程中学会发现、学会表达。但无论是在阅读中教策略、教发现还是教表达，本质上都是提升学生的阅读思辨能力，鼓励学生在阅读中理解、质疑和发现。相较于单篇阅读教学过于强调字词的识记、感情的酝酿这些特点，群文阅读教学中教师较少关注字词知识点的讲授、有感情地朗读等教学内容，而更多地鼓励学生在阅读的过程中学会质疑、思考、总结，“考查学生阅读过程中的感受、体验和理解”。如教师想帮助学生掌握小小说的表达特点——出乎意料又在情理之中的结尾，仅仅通过一篇小小说的阅读教学是很难让学生理解的，但如果将四五篇小小说统整在一起，学生就能够感悟出小小说的表达特色。这种诸如求同、存异、整合、判断等能力的培养显然是单篇阅读教学很难做到的。此外，在群文阅读教学的过程中，教师不追求统一标准的答案，给予学生充分的思维跳跃性空间，有助于学生思辨能力的不断提升。

三、群文阅读教学的实践路径

在群文阅读教学过程中，教师是策划者、引导者，其工作应分为两个部分，一是如何构建群文，二是日常教学中该如何操作。

（一）教师该如何构建群文

群文构建是实施群文阅读教学的关键，在构建过程中，教师必须明确以下三点：确定议题、选择文章、设计问题。

1. 确定议题

群文阅读教学中的选文可以根据某一个议题组合在一起。比如以“作家”作为议题，将老舍的文章放在一起，学生阅读后可以了解老舍的写作风格，进而走进其他作家；比如以“体裁”作为议题，将世界各地的创世神话组合在一起，学生就能了解神话特点，进而可以了解童话、民间故事、诗歌、小说；比如以“观点”作为议题，将报道多吃维生素C的好处和坏处的几篇文章放在一起，学生读完以后就会自我发问、重读、辨析，进而就能够在社会诸多信息中努力辨别真假；比如以“表达形式”作为议题，将相似的童话放在一起，学生就会发现很多童话都是“反复结构”的，主人公遇到三次困难，发生三次变化，交换三次物品，进而就会发现写作的技巧；比如以“人文主题”作为议题，将“友情”的诗歌文章放在一起，学生就会思考“我们为什么需要朋友”“真正的友谊是怎样的”，进而就会在“群读”中思考各种友情问题；比如将“阅读策略”作为议题，将《渔歌子》《黄鹤楼送孟浩然之广陵》《面朝大海，春暖花开》等诗歌放在一起阅读，这些毫无关联的诗歌会教学生“抓住诗歌里的矛盾读懂诗歌”这一阅读策略。

2. 选择文章

文章选择过程中覆盖面要广，尽量包含不同文类的文本，包括各种文学类文本，如神话、寓言等，或获取和使用信息的实用性文本，如新闻报道、说明书，还可以有形象直观的有声图像，如纪录片、电影等。选文应保持原貌，不作修改。

这里需要强调的是，选文中最重要的是互文性。法国符号学家朱丽娅·克里斯蒂娃认为：“任何作品的文本都是像许多行文的镶嵌品那样构成的，任何文本都是其他文本的吸收和转化。”在其看来，任何文本都是不自足的，其意义产生于跟其他文本交互参照、交互指涉的过程。那么怎样的一组文章，互文性是比较强的呢？以“友情”为例，台湾教师曾编选过一组“友情”群诗，在选文时反复斟酌，最终确定了四首诗歌：《赠汪伦》《阿贵只有九岁》《等待》《打过架那天的夕阳》。之所以是这四首，是因为《赠汪伦》是生离的友谊，《阿贵只有九岁》则是死别场景，《打过架那天的夕阳》讲述了朋友间的矛盾烦恼，《等待》则体现了朋友之间的深情相通。以例可见，教师在选择互文性较强的文本时，需要考虑三点：一是文本能够形成强大的矛盾张力，不同观点的文本造成的认知冲突将会激发起学生强烈的好奇心和探知欲以及辨析的冲动；二是要有明显整合效果，文本的风格差异很大，互补性很强，整合效果就会好过风格类似的文本组合；三是便于发现规律，我们要让学生在较短的时间内经历、体验较高水平的研究性阅读，就要在一个议题下选择有明显异同点的文章，方便学生发现文本的内在规律。

3. 设计问题

问题的合理性是群文阅读教学中很重要的推动源泉。合理的问题设计有三点要求：

（1）要提解答域宽的问题。传统语文教学很少带动学生思考，要么是无限认同作者的观点，要么是无限认同教参的观点，教师的课堂提问，大都有简单固定的答案。群文阅读教学提倡提解答域宽的问题，没有标准答案，鼓励孩子有依据地说出自己的想法与观点。

（2）要对多篇文章共同发问。教师应学会针对多篇文章的异同点提问，而不是将群文提问演变成多个单篇提问。例如把几篇小小说放在一起，就可以问：这些小小说有什么共同点？怎样的小说可以称为小小说？

（3）尝试通过阅读单来呈现问题。群文阅读教学，往往会用阅读单进行问题设计，将多篇文章、多个话题元素融在一张表格或是一张图表上，大容量、大板块地进行讨论梳理，避免提问过多过杂，一目了然，又可以形成比较式的阅读，从而帮助学生理清问题脉络。

（二）日常教学中该如何操作

1. 一篇带多篇

一篇带多篇是借助教科书中的课文，引申出一组文章供学生阅读思考，一般需要两个课时。教科书中的文章以精读方式学习，引申的多篇文章则以略读、泛读方式学习。如人教版五下的《桥》，第一课时精读可以让学生学得细一些、深一些，第二课时则可以选择有共同点的文章如《在柏林》《窗》《雪夜》《最后一只乌鸦的最后一句坏话》，通过这些不同国家的小小说阅读，让学生自己去发现小小说最大的特点是出人意料而又在情理之中的结局。又如人教版五上的《学会看病》，第一课时让学生比较阅读《学会看病》和《剥豆》，通过这两篇相似度极高的文章，让学生体会作者内心的矛盾、困惑和纠结，一方面想要儿子独立，一方面又舍不得、不放心。第二课时则采取精读方式，带着学生细致分析作者如何描写人物的心理活动。

2. 课内多篇

课内多篇是对现有教材的一种改进。由于对目前教材各单元内文章的互文性不太满意但又受制于考试制度，我们决定对现有教材进行一定范围的重新组合，毕竟只有基于现行教材的教学方法变革才最有生命力和推广力。为此，我们对人教版六年级上册教科书做了一定的改编，但考虑到大多数老师并无足够的时间和精力对教材进行改编，故而我们也从现实出发，以现行教材为蓝本进行课内多篇教学的实践。下面以人教版五年级上册第一单元教学为例，说明操作顺序：

第一步：精读课文教学（4课时左右）

《窃读记》教学（2课时）、《走遍天下书为侣》教学（2课时）。

第二步：群文教学（2课时）

教学线索：文章的表达侧重点。

（1）读4篇文章，思考：这4篇文章有什么共同点？

这一组文章都跟读书有关。

（2）读4篇文章，思考：这4篇文章有没有细微的差异呢？

《窃读记》：侧重讲述“阅读兴趣”——文章中的主人公爱阅读。

《小苗和大树的对话》：侧重介绍“阅读建议”——季羡林介绍一个人小时候应该读哪些书。

《走遍天下书为侣》：侧重介绍“阅读方法”——如何反复读一本书。

《我的“长生果”》：侧重介绍“阅读意义”——“我”读书后的成长。

（3）围绕每篇文章的侧重点梳理、验证。

《窃读记》：找出文章中的三个细节证明主人公爱阅读。

《小苗和大树的对话》：梳理出季羡林的“阅读建议”。

《走遍天下书为侣》：梳理总结出如何反复读一本书的方法。

《我的“长生果”》：概括作者介绍的“阅读意义”。

（4）回忆，讨论：读了这4篇文章后，关于阅读有哪些收获？

一篇文章要有自己表达的侧重点，结合4篇文章谈谈自己的看法。

（在这2课时里，这4篇文章是作为一个整体进行教学的。学生在课堂上主要阅读方式是默读和浏览，主要学习方式是合作与讨论。）

3. 课外多篇

当然，我们也可以脱离现有教材，在课外做一些更实用的、有创造力的议题。这类议题应尽可能避开教科书中最为常见的人文类议题，选择如表达类的、阅读策略类的、思考类的议题，进一步拓宽学生的思维。下面以台湾的一个课外群文阅读教学举例：

探讨“愿望”的实现和后果

1. 教学目标：协助学生了解故事人物的目标和需求，并且练习运用自己的准则做比较和分析。

2. 阅读任务：替故事中的人物许愿，并且探讨达成愿望的难易度，思考愿望实现的各种后果。

3. 文本选择：有明显愿望的童诗；有愿望讯息的绘本故事；有表现大爱、造福人群的故事。

4. 活动流程

（1）教师带领学生阅读童诗，找出诗中的愿望或推论出诗人的愿望，并讨论达成愿望的难易度。

（2）教师借助课文示范代替书中人物许愿。

（3）提供深浅不同、有故事性的绘本给学生自由选读，并在书本里故事进展约2/3的位置放一张便利贴，让学生读到有便利贴的一页，就在该页替书中的任何一个角色许愿。

（4）三四个学生一组，各人所阅读的文本不同，但是任务相同，合作完成一张整理资料的海报，如：我们读的故事、我们写的愿望、谁在许愿？他的愿望达成了吗？他得到哪些帮忙？他遇到哪些阻力？

（5）小组成员讨论且以愿望难易度为标准，从一个▲到三个▲不等打分。

（6）成员讨论：愿望受益者是谁？自己受益一颗★，多人受益两颗★，众人受益三颗★。

（7）再次讨论：愿望是否会给某些人带来伤害？愿望如何能够做到皆大欢喜。

在这次群文阅读教学中，学生学习了从不同角度来检视“愿望”，学习到用抽象的准则来了解一件较具体的事物。采用多文本来寻找共同点，能协助学生建立抽象标准。因此，合理避开教材，群文阅读教学的设计者在选文上的自由度会大很多，效果也会有很大的提升。

这篇文章的选题我个人认为优势在于新、全。新在于当时这一教学模式兴起不久，尚缺乏这一类的相关研究，作为概念解释类的文献，被刊用的概率较大。其次是全，我们从概念建构、价值意义、操作路径上作了全面的阐释，不仅将群文阅读与群文阅读教学作了区分，还对如何上好一节群文阅读教学课进行了案例分析。所以这篇文章既有理论也有实践，被编辑选用也就没有什么障碍了。最终这篇文章还成了高被引文献，主编也深以为傲。

同样的选题思路在我后来的一篇文章中也得以体现。2018年第1期《现代大学教育》刊发了我与导师周洪宇教授合作的《教育记忆史：教育史研究的新领域》，这一文章被采用的基础也是选题新颖。2016年前后，我在纠结于研究方向的取舍问题，思考如何在原有博士论文的研究基础上找寻新的增长点，恰好我在图书馆阅读《史学理论研究》时发现国外正在推崇记忆史研究，我在反复阅读多篇文献后提出“教育记忆史”这一概念设想，并完成价值判断和探索实践，因而文章被期刊主编迅速选用并刊发。

（二）选题持续

中小幼教师在教科研上花费的时间和精力都存在着不足，所以不能像一些专业学术研究人员一样有多角度、宽视域的涉猎，这就要求我们要能够更加专注，沿着一条主线深入推进研究。如上所述，在提出群文阅读教学概念之后，我相继在《教学与管理》《小学语文》等期刊发表了5篇文章，并在2020年底编著出版了《群文阅读教学的理论与实践》一书，获得了北京、浙江、山东、河南、江苏等省市的来自全国39位语文特级教师的联名推荐，将研究成果不断推向深入。

选题持续聚焦的主要原因除了精力、能力问题之外，还要考虑以我们这些成果来支撑申报课题、评奖等等，所以研究要聚焦不分散，效果才能最大化。以我在刚刚谈到的教育记忆史研究为例，我围绕第一篇教育记忆史理论建构，四年间相继完成了论文、专著、课题、批示、译著、高端论坛“六位一体”的研究与实践框架。以论文为例，我和团队发表了十多篇关于教育记忆、学校记忆的论文，这其中既有理论建构，也有区域实践，这样一来，即便我们后期要申报国家社科基金重点项目，也集聚了良好的前期成果。

	题名	作者	来源	发表时间	数据库	被引	下载
1	罗兰·巴尔特互文观视角下的群文阅读教学研究	刘大伟; 贾敏	教学与管理	2019-09-20	期刊	12	565
2	群绘本——小学低段的群文阅读教学尝试	贾敏; 刘大伟	生活教育	2018-11-10	期刊	1	37
3	群文阅读还是单篇阅读——论两种教学模式的比较	刘大伟; 张兰	小学语文	2017-06-10	期刊	4	153
4	群文阅读教学的三个问题	刘大伟	教学与管理	2016-11-01	期刊	71	2016
5	群文阅读教学:概念、价值及实践路径	刘大伟; 蒋军晶	南京晓庄学院学报	2016-01-20	期刊	247	6056

图1-1 刘大伟发表的群文阅读教学相关文章

	题名	作者	来源	发表时间	数据库	被引	下载
1	学校记忆的意涵、价值及其建构	刘大伟; 周洪宇	教育研究与实验	2021-06-20	期刊		274
2	从中师到博士：一个“80后”教师的教育记忆	刘大伟	江苏教育	2021-03-15	期刊		34
3	雨花记忆：区域红色德育课程体系的建构路径	刘大伟	江苏教育	2021-02-09	期刊		86
4	从政治影响到人性反思——教科书里南京大屠杀的记忆之场	刘大伟; 周洪宇	教育学术月刊	2021-01-15	期刊		422
5	陶行知是如何成为大众心目中的形象的?——记忆史视角的反思	刘大伟	南京晓庄学院学报	2019-03-20	期刊	1	124
6	民族共识、民间仪式和集体记忆——陶行知纪念活动及其形象建构	刘大伟; 杜京容	教育学术月刊	2018-08-15	期刊	6	474
7	教育记忆史:教育史研究的新领域	刘大伟; 周洪宇	现代大学教育	2018-01-20	期刊	19	647

图1-2 刘大伟发表的教育记忆史相关文章

	题名	作者	来源	发表时间	数据库	被引	下载
1	作为仪式课程记忆的红色文化教育——内涵、特征与实践路径	程功群	教育学术月刊	2021-08-15	期刊		551
2	陶行知乡村教育思想的形成与动因	程功群	生活教育	2020-06-10	期刊	1	148
3	文化记忆视阈下铁军精神的传承与时代价值	程功群	盐城师范学院学报(人文社会科学版)	2020-01-15	期刊	1	267
4	抗战记忆：平型关大捷的民族共识与社会记忆	程功群; 王倩	江汉论坛	2019-12-15	期刊		557
5	历史记忆与文化认同:光复初期台湾教育的“去殖民化”	程功群	教育研究与实验	2019-08-20	期刊	5	662
6	台湾殖民记忆:日据时期的同化教育与本土冲突	程功群	教育学术月刊	2018-08-15	期刊	2	720

图1-3 程功群发表的教育记忆史相关文章

	题名	作者	来源	发表时间	数据库	被引	下载
1	北京大学师生的五四记忆——从事件走向神话	陈诗	华中师范大学	2020-05-01	硕士		271
2	教育记忆史:研究教育史的新视角	周洪宇; 陈诗	教育学术月刊	2018-08-15	期刊	2	575

图1-4 陈诗发表的教育记忆史相关文章

以图1-2中《学校记忆的意涵、价值及其建构》一文为例，还是借鉴我所说的选题新颖的视角，在查阅相关文献后，我发现关于学校记忆的文章很少，其中发表的核心期刊仅有1篇，且作者在发表后就不再对此课题展开深入研究，而CSSCI来源期刊也尚未发表过这类研究论文。所以我决定以此为选题撰写文章，旨在构建“学校记忆—教育记忆—文化记忆”三位一体的记忆体系，成为这一领域的研究高点，最终这篇文章在C刊《教育研究与实验》刊发。《雨花记忆：区域红色德育课程体系的建构路径》是将理论付诸实践的重要尝试。2020年9月起，我挂职雨花台区教育局副局长，有机会将记忆理论渗透进德育、红色教育中，并编撰区域读本，开展红色实践，举办全国红色教育高峰论坛。当然，上述只是说明研究的延续性对于成果的汇聚、凝练是有很大作用的。尤其是中小幼教师，切不可东一榔头西一棒，要稳定住研究方向，形成自己独特的成果。我在某次做评审时发现，做研究有聚焦性的老师也不少，如南京市中华中学的卞姗姗老师。她依托学校的批判性思维做了很多关于她所

1	统编教材中主题教学设计的应用——以“文明的产生与早期发展”为例	卞姗姗	历史教学(上半月刊)	2020-09-01	期刊	2	569
2	历史“学术型”课堂建构的有效途径——以古代农业经济为例	卞姗姗	历史教学(上半月刊)	2019-11-01	期刊	1	189
3	可靠的历史教育应指向健全人格	骆增翼;张华中;卞姗姗;唐琴;黄雯婷	中学历史教学参考	2019-01-10	期刊	5	263
4	批判性思维与历史核心素养的建构	卞姗姗	历史教学(上半月刊)	2017-08-01	期刊	8	410
5	“历史解释”应与时代价值相结合——以《马克思主义的诞生》为例	卞姗姗	历史教学(上半月刊)	2017-06-01	期刊	10	645
6	史料教学中批判性思维的建构——以人教版选修课《王安石变法》为例	卞姗姗	历史教学(上半月刊)	2016-04-01	期刊	8	658
7	关于中国古代经济的教学思考	卞姗姗	历史教学(上半月刊)	2015-09-01	期刊		446
8	用文明史观引领战争史教学的实践性认识——以人教版“解放战争”一课为例	卞姗姗	中学历史教学参考	2015-06-10	期刊	5	699
9	高中历史课程设计模式探讨	卞姗姗	历史教学(上半月刊)	2014-07-01	期刊	2	276
10	现代化史观与世界近现代史教学	卞姗姗	历史教学(中学版)	2013-02-01	期刊	3	527

图1-5　卞姗姗发表的批判性思维相关文章

2	基于历史地图涵养时空观念的三重路径	陶荣	历史教学问题	2021-10-15	期刊		559
3	流动的时空：刍议交通史资源在涵育时空观念素养中的作用	陈浩然; 陶荣; 谢雅洁	教学月刊·中学版(教学参考)	2021-10-01	期刊	1	52
4	连环追问：古地图类史料之多重研读——以《坤舆万国全图》的研读为例	陶荣	历史教学(上半月刊)	2021-05-01	期刊	1	318
5	立意·脉络·思辨:指向核心素养的高中历史整体性教学探索	陶荣	中学历史教学	2020-04-15	期刊	4	332
6	视野 理解 包容:文化传统差异下的历史解释	李伟平; 陶荣	中学历史教学	2020-02-15	期刊		228
7	时间·空间·人:涵育历史解释能力的重要路径——以“伟大的抗日战争”一课为例	陶荣; 朱洪俊	中学历史教学参考	2020-01-10	期刊	1	281
8	基于时空观念培养提炼教学立意的三重境界——以二轮复习《辛亥革命》一课为例	陶荣	中学历史教学	2019-07-15	期刊	1	685

图1-6 陶荣发表的时空观念相关文章

在的历史学科的研究，并以批判性思维和学术性思考为中心撰写论文，这样的研究就非常专一。

再以我的硕士同学,浙江省海宁市宏达高级中学的陶荣老师为例，他这些年聚焦“时空观念”这一理念，结合课堂教学，发表了一系列论文。在评上副高后，他一度没有发展方向，有些迷茫，于是来征求我的意见。我建议他要形成自己的教学主张与教学思想，提出可以从我研究过的语文群文阅读教学法入手，构建属于他的历史群文阅读教学法，结合批判性思维、学术性思维撰写论文与专著，而且要快，迅速占领住这一学术高地。

（三）选题前沿

什么样的选题是前沿的？选择前沿的选题对于中小幼教师而言确实有难度。高校科研人员可以通过大量阅读来寻找适合的切入点，但基层教师的时间要更多地倾注于教学工作，大量阅读的可行性不高。这时候我们就要跟踪相关学科期刊的导向，特别是人大复印资料每年的选题重点。以2022年为例，我就人大复印资料中与中小幼相关的选题分别展开分析[①]。

① 以下图表根据人大基础教育期刊社公众号信息整理。

表1-1　2022年中小学教育及学校管理研究重点展望

《中小学教育》研究重点	《中小学学校管理》研究重点
基础教育现代化的内涵、标准与实现路径	新学校领导体制改革与校长领导力研究
基础教育优质均衡发展	学校办学活力激发
普通高中育人方式改革	学校评价与循证学校改革
高中普职分流	学校优质均衡发展
优秀传统文化教育	小规模学校与超级学校的改革与发展
劳动教育与课程开发研究	县中的改革与发展
科学教育	高中分类特色发展
体育与健康教育	教师减负
美育研究	县管校聘与教师交流
学科/课程核心素养研究	家校社协同育人
基础教育评价改革	校外教育治理
义务教育课标修订	作业管理
线上线下融合教学	课后服务
乡村教师队伍建设	核心素养导向下的学校课程建设
双减政策研究（作业设计与作业改革、学业负担研究）	创新人才培养
	学生欺凌与教育惩戒

《中小学教育》《中小学学校管理》这两本人大复印资料的导向略倾向于宏观话题，但也不乏与一线教学相关的话题，如作业设计、美育研究、科学研究等，这表示我们在选题时也可以参考其倾向性。我在研究了2022年转载的4期后发现，这两本期刊的作者中也有一些中小学教师的身影，说明这两本转载期刊还是认同基础教育研究成果的。下面再来看学科类选题，先看语文学科。

表1-2　2022年语文学科研究重点展望

《高中语文教与学》研究重点	《初中语文教与学》研究重点	《小学语文教与学》研究重点
语文“三种文化”教育与教学策略	语文“三种文化”教育与教学策略	语文“三种文化”教育与教学策略
“新课标、新教材、新高考”与高中语文教育改革	义务教育新课标解读	义务教育新课标解读

《高中语文教与学》研究重点	《初中语文教与学》研究重点	《小学语文教与学》研究重点
语文知识与核心素养	语文知识与核心素养	语文要素与语文课程核心素养的关系
初高中课程目标差异与教学衔接	语文课程目标学段差异与教学衔接	语文课程目标学段差异与教学衔接
学习任务群实施的问题与对策	学习任务群解读与教学实施	学习任务群解读与教学实施
语文教学中的任务设计与情境创设	语文教学中的任务设计与情境创设	语文教学中的任务设计与情境创设
统编教材分析与教学	统编教材分析与教学	统编教材分析与教学
任务群中写作的教学设计与实施	大概念、大单元教学	单元整体教学设计与研究
大概念、大单元教学	语言文字积累、梳理与探究	语言文字积累与梳理
语言文字积累、梳理与探究	实用类文本写作	基于课程核心素养的习作教学探索
实用类文本写作	文字阅读与创意表达	文字阅读与创意表达
文字阅读与创意表达	思辨性阅读与表达	思辨性阅读与表达
思辨性阅读与表达	整本书阅读教学与评价	整本书阅读教学与评价
整本书阅读教学与评价	语文课程中的跨学科学习	语文课程中的跨学科学习
语文项目学习	信息技术与语文教学深度融合	“生命安全与健康”主题学习
跨媒介阅读与表达	双减背景下的作业与表现性评价设计	信息技术与语文教学深度融合
高考评价改革	新课标背景下的中考评价改革	双减背景下的作业与表现性评价设计
教师语文核心素养的现状与提升路径	教师语文核心素养的现状与提升路径	学业质量与测评
国外母语教育实践与研究	国外母语教育实践与研究	教师语文核心素养的现状与提升路径

对比高中语文、初中语文和小学语文的研究重点选题可以发现，整体上差异性不大，但存在着学段差异。这一选题趋势可以帮助我们一线语文教师明确思想，在我们无助摸索、不知道写什么选题时，可以以此为参考，而且如果我们的文章写得较好，也不排除被人大复印资料转载

的可能性。如第一条语文“三种文化”教育与教学策略，探讨中华传统文化、中国革命文化、社会主义先进文化的教育教学策略，说明我们的语文课教学是可以紧密结合教育热点并找寻到合适的切入点的，这需要我们教师在教学过程前、过程中、过程后不断反思。下面分别呈现其他学科的2022年研究重点展望。

表1–3　2022年数学学科研究重点展望

《高中数学教与学》研究重点	《初中数学教与学》研究重点	《小学数学教与学》研究重点
数学教育与德育、美育融合	数学教育与德育、美育融合	数学教育与德育、美育融合
核心素养（关键能力）培养	跨学科课程整合	跨学科课程整合
数学文化与数学史	核心素养（关键能力）培养	核心素养（关键能力）培养
选修、先修与衔接课程	数学文化与数学史	数学文化与数学史
新教材使用体会与比较研究	义务教育课标修订解读	义务教育课标修订解读
大概念与大单元教学研究	义务教育教材修订解读	义务教育教材修订解读
项目学习与课题学习	大概念与大单元教学研究	大概念与大单元教学研究
数学探究	数学探究	数学探究
作业设计	“双减”背景下作业设计	“双减”背景下作业设计
教师核心素养	非智力因素与数学学习	教师核心素养
非智力因素与数学学习	教师核心素养	非智力因素与数学学习
学情分析与精准教学	学情分析与精准教学	学情分析与精准教学
核心素养（关键能力）评价	核心素养（关键能力）评价	学业质量监测
教学评一致性研究	学业质量监测	
高考试题分析与复习备考	教学评一致性研究	
	中考试题分析与复习备考	

表1–4　2022年英语学科研究重点展望

《中学外语教与学》研究重点	《小学英语教与学》研究重点
修订教材的分析及使用	义务教育课标落实及修订
义务教育课标落实及修订	英语教学六大要素与英语学习活动观（基于主题意义探究的教学实践、指向核心素养的教学实践）
英语教学六大要素与英语学习活动观（基于主题意义探究的教学实践、指向核心素养的教学实践）	阅读教学（文本解读、绘本阅读、整本书阅读、群文阅读策略、读写结合）

续表

《中学外语教与学》研究重点	《小学英语教与学》研究重点
“双减”政策下的中学英语教学（作业设计、课堂提质及教学改革）	教学设计与实施（单元整体教学、自然拼读、戏剧教学、对话教学、学科实践活动）
阅读引领的课堂实践（文学阅读、整本书阅读、群文阅读、fiction reading、non-fiction reading、读写结合）	教—学—评一体化
教学设计与实施（单元整体教学、深度学习、英语教育戏剧实践）	语用意识和能力的培养
教师素养提升	“双减”政策下的小学英语教学（教学改革及作业设计）
思维品质培养及文化意识培养	数字化与大数据支持下的英语教学（线上教学、混合式学习）
语用意识和能力的培养	教师素养提升
学生研究（自主学习能力、学习策略、学习动机）	学生研究（自主学习能力、学习策略、学习动机）
教—学—评一体化、诊断性评价	评价研究（过程性评价、表现性评价、描述性评价、学习任务单等）
数字化与大数据支持下的英语教学（在线教学、混合式学习）	
基于新时代评价改革要求的中考、高考改革，复习备考及中高考题型深度研究（概要写作、读后续写、书面表达）	
核心素养测试与评价	

表1-5　2022年物理、化学学科研究重点展望

《中学物理教与学》研究重点	《中学化学教与学》研究重点
新版义务教育课标解读与实施	新版义务教育课标解读与实施
新教材教学适应性研究	新教材教学适应性研究
“双减”下的作业设计	“双减”下的作业设计
跨学科实践	跨学科实践
大概念教学	大概念单元教学
学习进阶与路径设计	学习进阶与路径设计
单元教学	模型认知与建构
科学探究	项目式学习
科学建模	信息技术与教学深度融合

《中学物理教与学》研究重点	《中学化学教与学》研究重点
信息技术与教学深度融合	学科育人价值的深度挖掘（科学思想与方法、科学态度与责任、课程思政与学科德育）
学科育人价值的深度挖掘（科学思想与方法、科学态度与责任、课程思政与学科德育）	化学实验（学生必做实验的教学与评价、非常规实验资源开发）
物理实验（学生必做实验的教学与评价、非常规实验资源开发）	教师专业发展与教研团队建设
教师专业发展与教研团队建设	基于实证的学情分析
基于实证的学情分析	核心素养与学业质量评价
中高考改革研究与试题评析	中高考改革研究与试题评析
中高考复习备考研究	中高考复习备考研究

表1-6　2022年历史、地理、政治及其他各科研究重点展望

《中学历史、地理教与学》研究重点	《中学政治及其他各科教与学》研究重点
学科大概念梳理与教学	新版义务教育课标解读与实施
修订教材的分析及使用	新教材教学适应性研究
义务教育课标落实及修订	“双减”下的作业设计
素养整合的内涵与路径	人工智能课程
“双减”政策下的学科教学（作业设计及教学改革）	大中小学思政课一体化
课程思政在学科教学中的实践探索	计算思维
学科“劳育”	系统思维
跨学科探索	学科融合（跨学科实践、STEM教学）
教学方式的探索（问题式教学、情境教学、深度学习、项目式学习）	社会性科学议题教学
历史叙事、史料阅读	政治认同
基于地理思想的地理教学	生态文明教育
研学旅行与综合实践活动	科学建模教学
思维的培养与评价	信息技术与教学深度融合
教师素养提升	教师专业发展与教研团队建设
学科核心素养的测评	核心素养与学业质量评价
中高考试题评析与复习备考	高考改革研究与试题评析
	复习备考研究

表1-7 2022年《素质教育》研究重点展望

课标修订解读
课程核心素养的理解与落实
计算思维
科学探究
审美素养
法治意识
教材修订解读
科学史（HPS）教学
大概念教学
单元整体教学
项目学习与STEM教育
技术支持的教学变革
劳动教育
社会实践教育（馆校合作、研学旅行）
心理健康教育
学业质量评价
情境设计

针对人大复印资料期刊社整理出来的2022年度学科热点研究问题，我建议大家可以从各自的关注点入手，结合自己的教育教学工作，寻找合适的契合点。另外，各相关学科教师还可以订阅人大复印资料的转载文献，观察学习每一篇文献的写作方法和技巧，提升自己的写作水平。

二、如何选择期刊？

期刊选择的第一要义是要选择正规期刊。近些年来，我听说了很多朋友被非正规期刊欺骗的事情，这些血泪经验我们一定要学会吸取。确定期刊是否正规，我们要去国家新闻出版署查阅，输入期刊名后可以查看详情，包括期刊名、刊号、主管单位、主办单位等。

查询到期刊属于正规期刊就没有问题了吗？也不是，还会出现一种骗局，即冒名期刊，其印刷和正式期刊一模一样，但文章只刊发他们欺骗来的作者文章，也就是说这是定向刊发的假期刊。为此，不少期刊编辑部不得不刊发声明，如《课程·教材·教法》的声明如图1-8所示。

图1-7　国家新闻出版署期刊及期刊社查询页面

所以我们要尽可能在图书馆等地方看到实物期刊后，根据期刊上的投稿方式投稿，才能确保我们选择的是正规期刊。

期刊选择的第二要义是相互匹配。有一些期刊编辑常常称自己是作嫁衣，为作者和期刊之间架好桥梁，如果按照这一比喻，那么期刊选择的文章一定是与作者写出来的文章相互匹配的，“三观一致”，这样才好“结婚”。而期刊可选择的余地很广泛，作为作者来说我们就要研究期刊，看看期刊有哪些栏目，哪些栏目与我的研究相契合，在这一契合的基础上我能写出什么文章。我常常跟我的研究生说，研究期刊就是避免我们写文章出现闭门造车的情况，否则我们关起

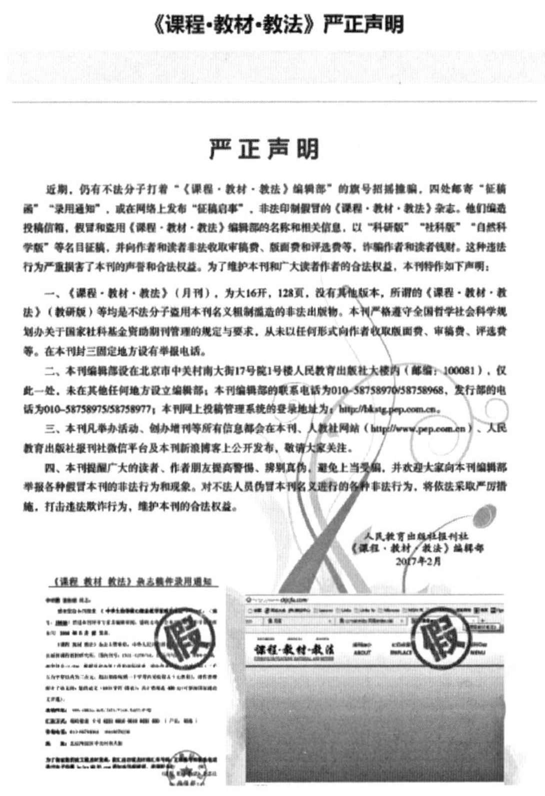
《课程·教材·教法》严正声明

严正声明

近期，仍有不法分子打着“《课程·教材·教法》编辑部”的旗号招摇撞骗，四处邮寄“征稿函”“录用通知”，或在网络上发布“征稿启事”，非法印制假冒的《课程·教材·教法》杂志。他们编造投稿信箱，假冒和盗用《课程·教材·教法》编辑部的名称和相关信息，以“科研版”“社科版”“自然科学版”等名目征稿，并向作者和读者非法收取审稿费、版面费和评选费等，诈骗作者和读者钱财。这种违法行为严重损害了本刊的声誉和合法权益。为了维护本刊和广大读者作者的合法权益，本刊特作如下声明：

一、《课程·教材·教法》（月刊），为大16开，128页，没有其他版本，所谓的《课程·教材·教法》（教研版）等均是不法分子盗用本刊名义粗制滥造的非法出版物。本刊严格遵守全国哲学社会科学规划办关于国家社科基金资助期刊管理的规定与要求，从未以任何形式向作者收取版面费、审稿费、评选费等。在本刊封三固定地方设有举报电话。

二、本刊编辑部设在北京市中关村南大街17号院1号楼人民教育出版社大楼内（邮编：100081），仅此一处，未在其他任何地方设立编辑部；本刊编辑部的联系电话为010-58758970/58758968，发行部的电话为010-58758975/58758977；本刊网上投稿管理系统的登录地址为：http://bkstg.pep.com.cn。

三、本刊凡举办活动、创办增刊等所有信息都会在本刊、人教社网站（http://www.pep.com.cn）、人民教育出版社报刊社微信平台及本刊新浪博客上公开发布，敬请大家关注。

四、本刊提醒广大的读者、作者朋友提高警惕、辨别真伪，避免上当受骗，并欢迎大家向本刊编辑部举报各种假冒本刊的非法行为和现象。对不法人员伪冒本刊名义进行的各种非法行为，将依法采取严厉措施，打击违法欺诈行为，维护本刊的合法权益。

人民教育出版社报刊社
《课程·教材·教法》编辑部
2017年2月

图1-8　《课程·教材·教法》声明

门来造了一辆宝马还沾沾自喜，但市场上只认同奔驰，那我们辛辛苦苦写出的这篇“宝马”又有谁要呢？所以我们要不断研究期刊，在撰写论文的同时基本上能够明确我要投的期刊是哪一家，备选是哪一家。

如我在读博期间看到一些台湾文献资料后想写一篇《论台湾的陶行知研究——一种学术史的视角》，我就去找寻了一下能够发台湾研究的C刊，发现发表这类研究的期刊很少，当时就十分忐忑要不要写，写出来又刊发不出去不是浪费时间嘛！后来考虑到掌握的材料十分熟悉，写出来花费的时间成本不多，决定先写出来，实在不行可以作为博士论文的一部分。写出来后我投给了《台湾研究集刊》，该刊发文数量极少，果不其然遭到退稿。于是我按照B计划寻找福建沿海地区的高校学报，在C刊《福建师范大学学报（哲学社会科学版）》和核心期刊《福州大学学报（哲学社会科学版）》之间摇摆后，决定还是试试C刊。很幸运的是，我的文章被《福建师范大学学报（哲学社会科学版）》录用刊发，最终还被《高等学校文科学报文摘》全文转载。

期刊选择的第三要义是适合需求。这里的需求是指作者的需求。现在“破五唯”如火如荼，但部分地区对于晋升高一级职称、参评人才称号等的发表成果有一定的要求，甚至有些项目还明确指定发表多少核心期刊才能结项，如全国教育科学规划一般项目就要求3篇C刊加著作才可以结项，这就让我们不得不兼顾现实情况来选择期刊。下面我来介绍两类，一类是C刊、C扩（CSSCI扩展版）、北大核心中能够刊发中小幼教师论文的期刊，还有一类是被人大复印资料转载较多的期刊。考虑到期刊会受栏目调整、主编更换等因素影响，所以历史上的刊发情况我便不再追溯，仅以2021年为例展开分析。

表1-8　2021年期刊文章作者为中小幼教师的数量统计

期刊类别	期刊名称	第一作者为中小幼教师（含市级教研室教科所）的文章数量
C刊	《学前教育研究》	34
C刊	《中国教育学刊》	140
C刊	《课程·教材·教法》	8
C扩	《数学教育学报》	3
C扩	《天津师范大学学报（基础教育版）》	18
C扩	《教育学术月刊》	14
C扩	《中小学管理》	127

由我们统计的以上数据得出，大部分的教育类C刊是不刊发中小幼教师队伍的文章的，仅仅有3本C刊可以刊发，分别是《学前教育研究》《中国教育学刊》《课程·教材·教法》。其中《学前教育研究》有个“幼儿园教科研”的专栏，每期会刊发2—4篇幼儿园教师的文章，每篇文章都在3页篇幅左右。而《中国教育学刊》刊发3个版面长文章的情况少之又少，但它有一个“教育微论”栏目，篇幅在半页纸约1000字左右，会刊发中小幼教师队伍的文章，2021年刊发了130多篇。在扩展版方面，《中小学管理》面向的读者对象主要是中小学，所以对中小学教师和管理者是十分友好的。《教育学术月刊》和《天津师范大学学报（基础教育版）》也有一定的机会，如《教育学术月刊》能达到每期刊发一篇中小学作者的文章，对于一期只刊用10—12篇文章的期刊而言，机会也是非常难得的。

在北大核心的期刊评价体系中，有一些是专属于基础教育类的，相对而言发中小幼教师队伍的文章会更多一些，如综合类的《人民教育》《上海教育科研》《教育理论与实践》，语文学科的《中学语文教学》《语文建设》，数学学科的《数学教育学报》《数学通报》，外语学科的《中小学英语教学与研究》《中小学外语教学·中学篇》，政治学科的《思想政治课教学》《中学政治教学参考》，历史学科的《历史教学》，地理学科的《中学地理教学参考》，物理学科的《物理教师》《物理教学》，化学学科的《化学教育》《化学教学》，生物学科的《中学生物教学》等。这一类期刊强调专业化，对于学科教师十分友好，如果我们的学科案例较好，能够提出较为新颖的观点，刊发的可能性极大。我在杭州市天长小学工作期间，在《中小学英语教学与研究》上就发表过学科类文章，最终还被人大复印资料全文转载。

除去以上这些C刊、C扩、核心期刊外，我们还有一种路径可以将自己论文的层次提高，即通过人大复印资料转载，将我们发表在核心期刊以外的文章提档升级，因为在很多评审心中，人大复印资料等同于核心期刊，在有些高校评价体系中，人大复印资料还等同于C刊。因此，我们可以研究一下哪些期刊被转载的概率高，进而向这些期刊投稿，则文章有可能会被转载，当然这需要一部分运气。据我了解，人大复印资料转载也有相关规定，如一位作者的文章一年内转载不得超过2次；一些地区的期刊转载量过高后需要平衡，如北京、上海、江苏的期刊转载量过高后会适度转载西部的期刊等等。因此，如果需要，我们还应该考虑向转载率高的期刊投稿，增加被转载的概率。根据人大复印资料的统计① 显示，其学科类转载数排名靠前的期刊如下（见表1-9—表1-23），我结合这一统计表查阅了各栏目排名第一的期刊的具体情况，与大家一起分享。

表1-9　2021年度人大《复印报刊资料·小学数学教与学》全文转载数排名

排名（含并列）	刊名	转载数（篇）	占总量比例
1	《小学教学》	22	11.8%
2	《教学月刊（小学版）》	19	10.2%
3	《小学数学教育》	16	8.6%
4	《教育研究与评论》	15	8.0%
5	《江苏教育》	13	7.0%
6	《小学数学教师》	12	6.4%

① 以下图表统计数据均转引自人大基础教育期刊社微信公众号。

排名（含并列）	刊名	转载数（篇）	占总量比例
7	《教育视界》	10	5.3%
7	《数学教育学报》	10	5.3%
8	《教学与管理》	7	3.7%
9	《福建教育》	5	2.7%
9	《教育科学论坛》	5	2.7%
9	《小学教学研究》	5	2.7%
10	《课程·教材·教法》	4	2.1%
10	《上海教育科研》	4	2.1%

在小学数学学科方面，全年被人大复印资料转载了187篇文章，涉及42本期刊，转载数前三名分别为《小学教学》《教学月刊（小学版）》《小学数学教育》。转载数排名第一的《小学教学》由河南教育报刊社主办，每月出版一期，以2022年第3期数学版为例，共发文30篇，分为“课改研究”“教学研究”“教学一得”“课题研究”“案例与反思”“同课异构”等十余个栏目，期刊公布的邮箱为xqshuxue@126.com，网址为www.shuren100.com。

表1-10　2021年度人大《复印报刊资料·初中数学教与学》全文转载数排名

排名（含并列）	刊名	转载数（篇）	占总量比例
1	《中学数学教学参考》	24	13.5%
2	《中学数学杂志》	20	11.2%
3	《中学数学》	19	10.7%
4	《中国数学教育》	16	9.0%
4	《中学数学月刊》	16	9.0%
5	《数学教育学报》	12	6.7%
6	《教学与管理》	5	2.8%
6	《教育研究与评论》	5	2.8%
6	《数学通报》	5	2.8%
6	《中学教研（数学）》	5	2.8%
7	《中小学教师培训》	3	1.7%

在初中数学学科方面，全年被人大复印资料转载了178篇文章，涉

及47本期刊，转载数前三名分别为《中学数学教学参考》《中学数学杂志》《中学数学》。转载数排名第一的《中学数学教学参考》由陕西师范大学主办，旬刊每月出版三期，其中上旬刊面向高中，中旬刊面向初中，下旬刊面向学研。以2022年2月中旬刊为例，共发文24篇，涉及"谈学论教""解题探索""解题教学""双减背景下的中考复习教学设计示例：图形与几何""命题研究""教研·课题"等多个栏目，期刊公布的邮箱为smat999@163.com（上旬·高中），jmat@163.com（中旬·初中），shuxue9981@163.com（下旬·学研），网址为www.zhongshucan.com。

表1-11 2021年度人大《复印报刊资料·高中数学教与学》全文转载数排名

排名（含并列）	刊名	转载数（篇）	占总量比例
1	《中学数学月刊》	22	12.4%
1	《中学数学杂志》	22	12.4%
2	《中学数学》	20	11.3%
3	《中学数学教学参考》	17	9.6%
4	《中国数学教育》	15	8.5%
5	《数学教育学报》	11	6.2%
6	《中学教研（数学）》	10	5.6%
7	《数学通报》	9	5.1%
8	《基础教育课程》	3	1.7%
8	《教学与管理》	3	1.7%
8	《教育研究与评论》	3	1.7%
8	《中小学课堂教学研究》	3	1.7%

在高中数学学科方面，全年被人大复印资料转载了177篇文章，涉及42本期刊，转载数前三名分别为《中学数学月刊》《中学数学杂志》《中学数学》。转载数排名第一的《中学数学月刊》由苏州大学主办，江苏省数学学会协办，月刊。以2022年第3期为例，共发文25篇，栏目有"名师教坛""数学教育""教材教法""复习之友""实录与反思""教学随笔""命题研究""应用与建模""数学文化""专题研

究”“解题方法”“竞赛之窗”等。期刊公布的投稿网址为http://zxsxyk.math.suda.edu.cn。

表1-12 2021年度人大《复印报刊资料·小学语文教与学》全文转载数排名

排名（含并列）	刊名	转载数（篇）	占总量比例
1	《语文建设》	21	11.1%
2	《语文教学通讯》	17	8.9%
3	《小学语文》	16	8.4%
4	《小学语文教师》	14	7.4%
5	《教学月刊（小学版）》	12	6.3%
6	《小学教学设计》	10	5.3%
7	《小学语文教学》	9	4.7%
8	《福建教育》	7	3.7%
8	《江苏教育研究》	7	3.7%
8	《教育研究与评论》	7	3.7%
9	《小学教学》	6	3.2%
10	《基础教育课程》	5	2.6%
10	《中小学教师培训》	5	2.6%

在小学语文学科方面，全年被人大复印资料转载了190篇文章，涉及45本期刊，转载数前三名分别为《语文建设》《语文教学通讯》《小学语文》。转载数排名第一的《语文建设》由语文出版社有限公司主办，半月刊。以2022年2月下半月刊为例，共发文17篇（不含广告书评），设有“关注”“学术前沿”“教学”“教学设计”“文学”“评价”“探索”等栏目，期刊公布的邮箱有ywjsxln@163.com（“关注”“学术前沿”“钩沉”），ywjsxkt@163.com（“教学”“文学”“教材”“教学设计”），ywjsgxzs@163.com（“争鸣”“语言”“开卷”），ywjsks@163.com（“评价”“随笔”“名师课堂”），网址为https://www.ywszbkw.cn。

表1-13 2021年度人大《复印报刊资料·初中语文教与学》全文转载数排名

排名（含并列）	刊名	转载数（篇）	占总量比例
1	《语文教学通讯》	20	12.5%
2	《中学语文教学》	20	11.2%
3	《语文建设》	15	8.4%
4	《语文学习》	12	6.7%
4	《中学语文教学参考》	12	6.7%
5	《中学语文》	9	5.0%
6	《教学月刊（中学版）》	6	3.4%
7	《基础教育课程》	4	2.2%
7	《江苏教育研究》	4	2.2%
7	《教育研究与评论》	4	2.2%
7	《语文教学与研究》	4	2.2%
7	《中小学教师培训》	4	2.2%
8	《初中生世界》	3	1.7%
8	《福建基础教育研究》	3	1.7%
8	《江苏教育》	3	1.7%
8	《教育科学论坛》	3	1.7%
8	《课程·教材·教法》	3	1.7%

在初中语文学科方面，全年被人大复印资料转载了179篇文章，涉及51本期刊，转载数前三名分别为《语文教学通讯》《中学语文教学》《语文建设》。转载数排名第一的《语文教学通讯》由山西师范大学主办，旬刊。以2021年第36期为例，共发文34篇，设有“人物”“论坛”“课堂专题”“课堂备课”“课堂评课”“教研教法”“教研课题”等专栏，期刊公布的邮箱为ywjxtxcrw@163.com（“人物”“论坛”“成长”），ywjxtxckt@163.com（课堂板块），ywjxtxcjy@163.com（教研板块），网址为http://www.zhyww.cn。

表1-14　2021年度人大《复印报刊资料·高中语文教与学》全文转载数排名

排名（含并列）	刊名	转载数（篇）	占总量比例
1	《语文教学通讯》	20	11.5%
2	《中学语文教学》	19	10.9%
2	《语文建设》	19	10.9%
2	《语文学习》	19	10.9%
3	《中学语文教学参考》	15	8.6%
4	《中学语文》	8	4.6%
4	《语文教学与研究》	8	4.6%
5	《课程·教材·教法》	6	3.4%
6	《基础教育课程》	5	2.9%
6	《教学月刊（中学版）》	5	2.9%
7	《福建教育》	4	2.3%
7	《语文月刊》	4	2.3%
8	《教育研究与评论》	3	1.7%
8	《考试研究》	3	1.7%
8	《新课程评论》	3	1.7%

在高中语文学科方面，全年被人大复印资料转载了174篇文章，涉及42本期刊，转载数前三名依然为《语文教学通讯》《中学语文教学》《语文建设》。

表1-15　2021年度人大《复印报刊资料·中小学学校管理》全文转载数排名

排名（含并列）	刊名	转载数（篇）	占总量比例
1	《教育发展研究》	16	7.69%
2	《中国教育学刊》	14	6.73%
3	《教学与管理》	13	6.25%
4	《人民教育》	12	5.77%
5	《中小学管理》	11	5.29%
6	《教育科学研究》	9	4.33%
7	《比较教育研究》	6	2.88%
7	《当代教育科学》	6	2.88%
7	《教育学术月刊》	6	2.88%

续表

排名（含并列）	刊名	转载数（篇）	占总量比例
8	《教育研究》	5	2.40%
8	《上海教育科研》	5	2.40%
8	《江苏教育》	5	2.40%
9	《当代教育论坛》	4	1.92%
9	《教师教育研究》	4	1.92%
9	《教育理论与实践》	4	1.92%
9	《教育学报》	4	1.92%
9	《现代教育管理》	4	1.92%

在中小学学校管理方面，全年被人大复印资料转载了208篇文章，涉及65本期刊，转载数前三名分别为《教育发展研究》《中国教育学刊》《教学与管理》。考虑到前两名为C刊，发文难度较大，我介绍一下转载数第三的《教学与管理》。《教学与管理》由太原师范学院主办，旬刊，上旬刊以理论研究为主，中旬刊主要面向中学教育教学与管理，下旬刊主要面向小学各科教学与管理。以2022年4月下旬刊为例，共发文21篇，涉及“理论学习”“双减专题”“管理实务”“教研活动”“教材理念”“教学方法”“课外作业”“教材解读”“外国教育”等栏目，期刊公布的投稿网址是www.jxygl.com.cn,邮箱是jxyglcn@163.com（编辑部），jxyglxxb@163.com（小学版），jxyglllb@163.com（理论版）。

表1-16　2021年度人大《复印报刊资料·中小学教育》全文转载数排名

排名（含并列）	刊名	转载数（篇）	占总量比例
1	《课程·教材·教法》	18	9.4%
2	《教育发展研究》	16	8.3%
3	《中国教育学刊》	11	5.7%
4	《教育科学研究》	10	5.2%
4	《中国电化教育》	10	5.2%
5	《华东师范大学学报（教育科学版）》	8	4.1%
5	《全球教育展望》	8	4.1%
5	《中小学管理》	8	4.1%
6	《湖南师范大学教育科学学报》	6	3.1%

续表

排名（含并列）	刊名	转载数（篇）	占总量比例
7	《比较教育学报》	5	2.6%
7	《教育研究》	5	2.6%
8	《比较教育研究》	4	2.1%
8	《当代教育科学》	4	2.1%
8	《基础教育课程》	4	2.1%
8	《教育学报》	4	2.1%
8	《人民教育》	4	2.1%
8	《外国教育研究》	4	2.1%
8	《现代教育管理》	4	2.1%
8	《中小学教师培训》	4	2.1%
9	《当代教育论坛》	3	1.6%
9	《教育科学》	3	1.6%
9	《西北师大学报（社会科学版）》	3	1.6%

在中小学教育方面，全年被人大复印资料转载了192篇文章，涉及56本期刊，考虑到转载数前三的期刊作者队伍中中小幼教师较少，在此不再论述。

表1–17　2021年度人大《复印报刊资料·素质教育》全文转载数排名

排名（含并列）	刊名	转载数（篇）	占总量比例
1	《教学月刊（小学版）》	20	10.47%
2	《中小学德育》	16	8.38%
3	《中小学教材教学》	13	6.81%
4	《中国德育》	12	6.28%
5	《福建教育》	10	5.24%
5	《教学与管理》	10	5.24%
6	《基础教育课程》	9	4.71%
7	《江苏教育研究》	7	3.66%
8	《课程·教材·教法》	6	3.14%
8	《教育与装备研究》	6	3.14%
8	《实验教学与仪器》	6	3.14%
8	《湖北教育》	6	3.14%
9	《人民教育》	4	2.09%
9	《上海教育科研》	4	2.09%

续表

排名（含并列）	刊名	转载数（篇）	占总量比例
10	《中国音乐教育》	3	1.57%
10	《中小学数字化教学》	3	1.57%

在素质教育方面，全年被人大复印资料转载了191篇文章，涉及61本期刊，转载数前三名分别为《教学月刊（小学版）》《中小学德育》《中小学教材教学》。转载数排名第一的《教学月刊》由浙江外国语学院主办，分为中学版与小学版，均为旬刊。中学版每月分为“教学参考”“教学管理”“外语教学”三个方向，小学版每月分为“语文”“数学”“综合”三个方向，每期发文20篇左右，其投稿网址为https://jxyk.zisu.edu.cn/gywm/zzjg.htm。由于《教学月刊》囊括了中小学各学科，属于综合性的教育类期刊，因此我们可以发现，在各个学科的转载数统计中几乎都有这本期刊的身影。我发表在该刊的文章也顺利被人大复印资料全文转载。

表1–18　2021年度人大《复印报刊资料·中学政治及其他各科教与学》全文转载数排名

排名（含并列）	刊名	转载数（篇）	占总量比例
1	《中学政治教学参考》	19	10.6%
2	《思想政治课教学》	14	7.8%
3	《中学生物教学》	13	7.3%
4	《课程·教材·教法》	10	5.6%
4	《生物学教学》	10	5.6%
5	《教学月刊（中学版）》	9	5.0%
6	《基础教育课程》	8	4.5%
6	《生物学通报》	8	4.5%
7	《中小学德育》	5	2.8%
7	《现代教学·思想理论教育》	5	2.8%
8	《中小学数字化教学》	4	2.2%
8	《中学生物学》	4	2.2%
8	《实验教学与仪器》	4	2.2%
9	《上海课程教学研究》	3	1.7%
9	《中小学音乐教育》	3	1.7%

排名（含并列）	刊名	转载数（篇）	占总量比例
9	《中小学信息技术教育》	3	1.7%
9	《教育导刊》	3	1.7%
9	《教学与管理》	3	1.7%
9	《教育科学论坛》	3	1.7%
9	《天津师范大学学报（基础教育版）》	3	1.7%

在中学政治及其他各科教与学方面，全年被人大复印资料转载了179篇文章，涉及54本期刊，转载数前三名分别为《中学政治教学参考》《思想政治课教学》《中学生物教学》。转载数排名第一的《中学政治教学参考》由陕西师范大学主办，周刊，每期刊发文章30篇左右，第二周和第三周的刊物主要面向中学教师，第一周和第四周的刊物讨论的话题涉及大学思政较多，其栏目有“文本研讨”“教学新视”“备考方略”“学科研修”等。该刊投稿录用过程较快，其公布的邮箱是xzzk666@163.com,投稿网址是www.shouyangedu.com。

《中学生物教学》也是由陕西师范大学主办，旬刊，每期30篇左右的发文量，栏目设置有“综述与进展”“课改论坛”“教学研究”“环球视窗”“探究与争鸣”“教学设计与案例”“实验教学”“教学链接”“教学随笔”“备考方略”“命题研究”“解题辅导”“试题分析”“生物学与社会”等，其公布的邮箱是bio85308009@163.com,网址是www.zxswjx.com。

表1-19　2021年度人大《复印报刊资料·中学历史、地理教与学》全文转载数排名

排名（含并列）	刊名	转载数（篇）	占总量比例
1	《地理教学》	24	13.9%
2	《中学地理教学参考》	22	12.7%
3	《历史教学》	21	12.1%
4	《中学历史教学参考》	17	9.8%
5	《天津师范大学学报（基础教育版）》	12	6.9%

续表

排名（含并列）	刊名	转载数（篇）	占总量比例
6	《课程·教材·教法》	10	5.8%
7	《地理教育》	9	5.2%
8	《历史教学问题》	8	4.6%
9	《教学与管理》	7	4.0%
9	《教学月刊（中学版）》	7	4.0%
9	《中小学教材教学》	7	4.0%
10	《中学历史教学》	5	2.9%

在中学历史、地理教与学方面，全年被人大复印资料转载了173篇文章，涉及26本期刊，转载数前三名分别为《地理教学》《中学地理教学参考》《历史教学》。转载数排名第一的《地理教学》由华东师范大学主办，半月刊，每期刊文15—18篇左右，栏目设有“地理纵横”“高中地理”“初中地理”“教学研究”“教材研究”“教学经验”“国际地理教育”“研学旅行”等，期刊公开的投稿网址为http://dljx.ecnu.edu.cn。

历史类转载数最高的《历史教学》由历史教学社主办，原先上半月刊的作者以中学教师为主，下半月刊的作者面向高校，但近两年中学教师群体越来越小，以2022年第1、2期上半月刊为例，该刊分别发文9篇和10篇，其中作者为中学教师的仅有3篇和5篇。我判断这是由于该刊由C刊降为C扩之后，考虑到提高文章质量、增加引用率等因素，所以对文章质量及作者要求提高，刊用难度进一步增大。该刊栏目设置有“新教材深描”“教学研究”“高考研究”“教学设计”等，期刊公布的邮箱为zhengwen0408@126.com。

表1-20 2021年度人大《复印报刊资料·中学化学教与学》全文转载数排名

排名	刊名	转载数（篇）	占总量比例
1	《化学教学》	24	14.5%
2	《中学化学教学参考》	23	13.9%
3	《化学教育》	21	12.7%
4	《化学教与学》	17	10.3%
5	《中学化学》	12	7.3%

续表

排名	刊名	转载数（篇）	占总量比例
6	《实验教学与仪器》	10	6.1%
7	《中小学教师培训》	9	5.5%
8	《课程·教材·教法》	7	4.2%
9	《中小学教材教学》	6	3.6%
10	《教学与管理》	5	3.0%

在中学化学教与学方面，全年被人大复印资料转载了165篇文章，涉及29本期刊，转载数前三名分别为《化学教学》《中学化学教学参考》《化学教育》。转载数排名第一的《化学教学》由华东师范大学主办，月刊，每期发文20篇以内，设有“课改前沿”“聚焦课堂”“实验研究”“测量评价”“教学参考”“视野”等栏目，期刊公布的邮箱和网址分别为ecnuhxjx@163.com和https://chemedu.ecnu.edu.cn。

表1–21　2021年度人大《复印报刊资料·中学物理教与学》全文转载数排名

排名（含并列）	刊名	转载数（篇）	占总量比例
1	《物理教师》	24	14.4%
2	《物理教学探讨》	23	13.8%
3	《物理教学》	22	13.2%
4	《中学物理》	21	12.6%
5	《中学物理教学参考》	18	10.8%
6	《物理通报》	13	7.8%
7	《课程·教材·教法》	7	4.2%
8	《基础教育课程》	4	2.4%
8	《中小学教材教学》	4	2.4%
8	《实验教学与仪器》	4	2.4%
9	《物理实验》	3	1.8%
9	《中小学教师培训》	3	1.8%

在中学物理教与学方面，全年被人大复印资料转载了167篇文章，涉及31本期刊，转载数前三名分别为《物理教师》《物理教学探讨》《物理教学》。转载数排名第一的《物理教师》由苏州大学主办，月刊，每期发文25—30篇，该刊栏目包括“教育理论研究”“教材与教法”“初

中园地”“物理实验”“问题讨论”“物理学家与物理学史”“物理技术与社会”“高考命题研究”“复习与考试”“竞赛园地”等，刊物公开的投稿邮箱和网址分别为wljs@suda.edu.cn和http://physicsteacher.suda.edu.cn。

表1-22 2021年度人大《复印报刊资料·小学英语教与学》全文转载数排名

排名（含并列）	刊名	转载数（篇）	占总量比例
1	《中小学英语教学与研究》	23	12.9%
2	《英语学习》	19	10.7%
2	《小学教学设计》	19	10.7%
3	《中小学外语教学》	15	8.4%
4	《江苏教育》	12	6.7%
5	《教学与管理》	9	5.1%
6	《教学月刊（小学版）》	7	3.9%
6	《教育研究与评论》	7	3.9%
7	《基础外语教育》	6	3.4%
8	《教育视界》	5	2.8%
8	《英语教师》	5	2.8%
9	《江苏教育研究》	4	2.2%
9	《上海课程教学研究》	4	2.2%
9	《中小学教材研学》	4	2.2%
9	《中小学教学研究》	4	2.2%
9	《中小学数字化教学》	4	2.2%
10	《福建教育》	3	1.7%
10	《中小学课堂教学研究》	3	1.7%

在小学英语教与学方面，全年被人大复印资料转载了178篇文章，涉及37本期刊，转载数前三名分别为《中小学英语教学与研究》《英语学习》《小学教学设计》。转载数排名第一的《中小学英语教学与研究》由华东师范大学主办，月刊，每期发文20篇左右，栏目设置有“小学英语”“教学研究”“听说读写”“教育评价”“教师发展”“语言知识”等，刊物的投稿网址为https://etrn.ecnu.edu.cn/CN/volumn/current.shtml。

表1-23　2021年度人大《复印报刊资料·中学外语教与学》全文转载数排名

排名（含并列）	刊名	转载数（篇）	占总量比例
1	《英语学习》	21	12.4%
2	《中小学英语教学与研究》	20	11.8%
3	《教学月刊（中学版）》	18	10.6%
4	《教学与管理》	11	6.5%
5	《课程·教材·教法》	10	5.9%
6	《基础教育外语教学研究》	9	5.3%
7	《江苏教育》	8	4.7%
7	《中小学外语教学》	8	4.7%
8	《基础外语教育》	7	4.1%
8	《英语教师》	7	4.1%
9	《福建教育》	5	2.9%
9	《教育视界》	5	2.9%
9	《现代中小学教育》	5	2.9%
9	《中小学课堂教学研究》	5	2.9%
10	《天津师范大学学报（基础教育版）》	3	1.8%
10	《中小学教材教学》	3	1.8%
10	《中小学数字化教学》	3	1.8%

在中学外语教与学方面，全年被人大复印资料转载了170篇文章，涉及36本期刊，转载数前三名分别为《英语学习》《中小学英语教学与研究》《教学月刊（中学版）》。转载数排名第一的《英语学习》由北京外国语大学主办，月刊，每期发文13篇左右，栏目设置有“热点观点”“调查与研究”“教学前沿”“思享汇”“英美散文学习与赏析”“视野”等。虽然该刊的转载数在中学英语类中排第一，但该刊也发表关于小学英语教学的论文。《英语学习》公开显示的投稿平台为http://yyxi.cbpt.cnki.net。

三、如何写作？

在对选题、期刊有了一定的了解之后，我们开始进入写作环节，这是完成论文的核心环节。在这一环节中，我们需要做到几个层面：一是形成观点，二是深入思考并撰写，三是反复打磨修改。

（一）形成观点

写作缘于我们对问题的反思，这也是我们常说的问题意识。我们在结合日常教育教学工作时发现了问题，于是开始在教育教学实践中反思，最终想把它写出来。当然，我们思考过的观点也要经得起考验，比如我们思考了一个观点，但已经有人解答出来了，那么这个问题的价值就不是很大了，除非寻找到一个新的切入点。这种情况在我带本科生、硕士生写毕业论文时特别常见，学生们经常选择了一个自以为是问题的问题来跟我说选题，我给他们的建议是去查查文献，看看前人有无做过，还有无可以突破的新增长点，这也是我们常说的文献综述。以我2022年带的研究生为例，他想以我一直做的语文群文阅读教学方向作为选题，我建议他查一查这方面的文献现在有多少。

查阅后我发现这方面的研究文章多达8000多篇，如果将这一方向作

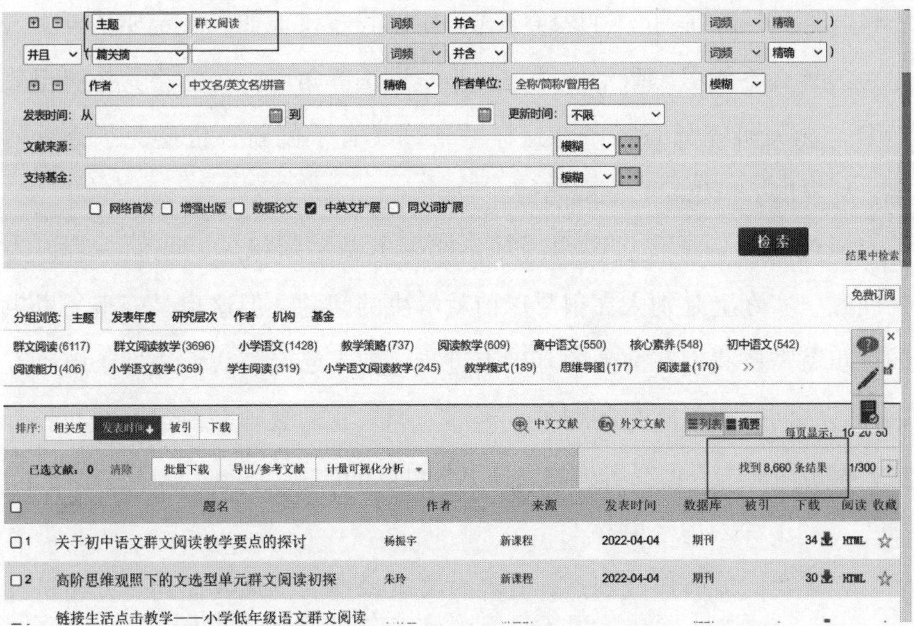

图1-9 在“主题”中检索关键词“群文阅读”

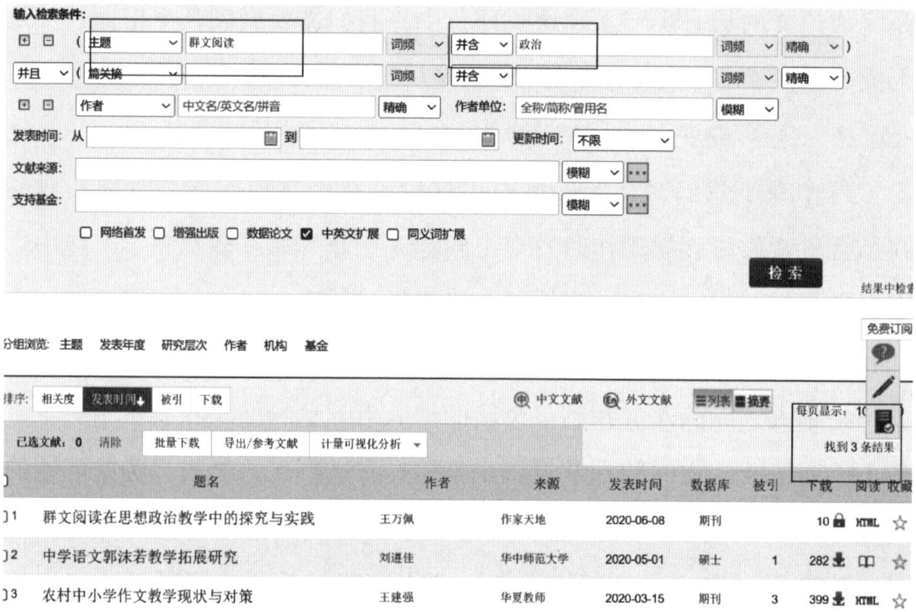

图1-10　在“主题”中检索关键词“群文阅读”“政治”

为硕士论文选题根本毫无新意，且我担心连基本的查重都没法通过。为此，我建议他能否换个思路去思考，因为他的出发点并不是学科教学，不像我们基层教师有学科思维定式，所以我建议他如果一定要从群文入手，为什么不能考虑政治、历史、小学道法等角度呢？如将其拓展至政治课，相关研究只有三条，这样一来，既有了创新，也避免了查重问题，更提出了一条新的实践路径。

通过这一例子我想说明的是，如果不做文献综述，我们一直以为的问题，实际上是别人在很早以前就解决的问题。但这也是好事，思想的进步就需要我们在前人的基础上进步，前人已经替我们想好了解决方案，这些问题也就不是问题了。当然，如果我们教师是在学习的初步阶段，模仿印证别人已经解决的问题也是可以的。

（二）深入思考并撰写

如果我们能够形成观点，且经过文献综述后发现我们的研究还是有一定价值的，那我们就可以开始撰写论文。以下我分别结合几篇例文来进行分析。

1. 幼教论文

我以南京市第一幼儿园倪琳老师在2022年第2期《学前教育研究》上发表的《游戏精神下幼儿园博物馆课程的开发》[①]作为例文展开分析。在征得著作权人倪琳老师同意后我将正文全文呈现如下：

博物馆教育是近年来逐渐受到重视的一种新型教育组织形式，被视为儿童教育的第二课堂。博物馆教育是指博物馆通过陈列或者其他方法，向大众介绍关于自然和社会历史发展的具体知识，其主要活动方式是陈列展览。但随着时代的发展以及人们对教育规律认识的不断深入，现代意义上的博物馆教育并非只是一种静态的物品陈列和展示，而是基于关系和行动思维的经验的动态发展，它可以起到统合各种经验的中枢作用。因此，博物馆教育就从静态的物品展示转向参观者的体验与操作，并从泛化的教育形态逐渐走向课程化。博物馆课程是博物馆教育价值的集中和具象化表达，是博物馆教育走向全面和深入的必然结果，也是博物馆与学校教育实现真正融合的必然路径。博物馆课程为学前儿童提供了一个感知和探究自然、社会及历史的综合载体，它既指向幼儿经验的范围拓展，也指向幼儿经验的自主发展。博物馆教育的核心理念就是意义建构，这种意义建构体现在学前儿童身上就是要强化儿童对博物馆教育活动的自主探究。游戏是幼儿存在的基本方式，游戏精神在本质上表现的是幼儿的主体性。以游戏精神关照幼儿园博物馆课程实践，就是基于幼儿本体更好地实现他们在博物意识、领域经验和实践能力方面的发展，是深化幼儿对博物馆课程对象意义建构的必然要求。

一、幼儿园博物馆课程开发的时代背景及其目标

教育是博物馆的基本职能，具有教导解说型、刺激—反应型、发现型、建构知识型四种基本模式。儿童博物馆发端于18世纪末期的美国，其教育职能的表现形式经历了三次转向。第一次转向是从为公众服务转向教育职能的

---

① 倪琳：《游戏精神下幼儿园博物馆课程的开发》，《学前教育研究》2022 年第 2 期，第 87–90 页。

确立，博物馆的教育职能得到理论以及行业标准的一致确认；第二次转向是儿童博物馆教育出现了正式的儿童博物馆课程活动，儿童博物馆的教育职能得到进一步的彰显和制度化；第三次转向是儿童博物馆进一步发展为博物馆幼儿园，博物馆的儿童教育职能得到最大程度地发挥。博物馆教育职能表现形式从展示与宣传走向学习体验，一方面与大学成为知识的生产中心有关，博物馆不再是知识的主要保存者和持有者。另一方面则受儿童本位教育思想以及20世纪六七十年代后现代思想的影响，意义的生成主体逐渐从博物馆走向观众，这就使得儿童的学习与体验被赋予了更大的合法性，参与式、体验式、探究式、互动式以及浸入式学习成为开展博物馆教育的基本方式。在博物馆被认为只剩下教育功能之后，其在幼儿园阶段的实践进一步从幼儿的参观走向体验与操作。但不管处于何种发展阶段以及采取何种教育组织形式，儿童博物馆教育都需要依托具体的内容并将其组织化和具象化。基于这样一种逻辑，开发博物馆课程就成为幼儿园博物馆教育实践的核心内容和基本环节。

当幼儿园博物馆教育仅表现为一种活动时，其价值特征尚不具备很强的结构性，因为博物馆教育活动在一定程度上仍更多的是依托博物馆的馆藏资源来开展。这种活动在形式上一是独立于幼儿园教育体系之外，是幼儿园借助博物馆资源拓展幼儿园教育范畴的一种补充形式；二是博物馆教育的内容没有经过系统的加工，游离于幼儿经验发展的亲身探究之外。以儿童为中心的现代教育观强调幼儿学习的经验性，这也就使得博物馆的建构从幼儿园之外走向了幼儿园场域之内，幼儿园博物馆成了幼儿园的重要组成部分和教育载体。博物馆教育课程化是指幼儿园在借鉴博物思想的基础上以自然、文化和社会历史当中的有关事物为对象，通过进一步的加工来使其服务于幼儿的学习与发展。幼儿园博物馆教育课程化表现出鲜明的主题性、个体性和实践性特征，它直接服务于幼儿的学习需要。幼儿园博物馆课程是一种围绕不同主题而构建起来的园本课程，具有明确的教育目标、严密的组织逻辑和完整的实施体系，同时也强调幼儿的过程性参与。

基于博物馆理念而开发的课程具有更为系统的历史观念和关系观念，

它将幼儿的发展置于一个相互联系且动态的思维视域中进行全面的审视，目的是更好地促进幼儿的历史性和关系性发展。第一，幼儿园博物馆课程指向幼儿博物意识的发展。所谓博物意识，一是指在认识论上个体所持有的对自然以及人类社会中一切事物的开放性意念，能够认识并接纳自然与人类社会中不同事物所具有的序列。二是指人类主体对客观事物的能动反应和积极倾向。幼儿园博物馆课程的价值目标之一是发展幼儿的博物意识，既指向帮助幼儿认识到包括人类个体在内的一切事物都具有多样性和差异性，又指向发展幼儿为了实现这一目标而应具备的情感态度和个性品质。第二，幼儿园博物馆课程指向幼儿认知经验的全面拓展。博物馆课程与主题课程的最大区别在于：主题课程往往局限于一个特定的教育目标和教育内容，其外延较小；博物馆课程则不同，它是主题的集合，且不同主题之间具有紧密的内在逻辑关联。幼儿园博物馆课程在知识层面指向幼儿认知经验的全面拓展，以期尽可能地完善幼儿的知识和经验体系。第三，幼儿园博物馆课程指向幼儿实践能力的综合发展。幼儿园博物馆课程采用“做中学”的实施方式，目的是激发幼儿的主体性参与意识。幼儿园博物馆课程的开发从主题确立到资源搜集和整理都强调幼儿的过程性参与。它不是教师为幼儿预设好的课程，而是幼儿亲身参与的。幼儿在课程实践过程中可以获得思维等方面的综合发展。

二、游戏精神对于幼儿园博物馆课程开发的价值

以游戏精神来审视和指导幼儿园博物馆课程的开发具有深刻的价值意蕴。一方面，游戏化的课程实施方式可以更好地激发幼儿的学习兴趣，增进幼儿对博物馆课程的参与水平。另一方面，游戏精神就代表着儿童精神，游戏精神中的自由自主精神可以更好地激励幼儿在博物馆课程实践中的体验与探究。游戏精神是游戏本体价值的具体表征，它在本质上体现的是对人类生命的关切，并表现为自由精神、平等精神、愉悦精神、创造精神、幸福精神等形态。游戏往往被认为是儿童的存在方式，儿童精神也被视为游戏精神，在针对幼儿的各种教育活动中，游戏精神、游戏内容、游戏方式和游戏时间都需要得到充分的体现和保障。

游戏精神在本质上就是个体的自由与自主精神，其对幼儿园博物馆课程开发的意义体现在两个方面。第一，游戏精神可以激发幼儿的主体性，让幼儿在自由自主的参与和探究中深化对博物馆课程的认识，这是两者的本质关联。幼儿园博物馆课程的开发不再是静态地向幼儿呈现各种物化的自然或文化物体，当将幼儿的自由自主精神融入幼儿园博物馆课程的开发过程中时，它就可以通过幼儿的主体性参与而使课程变得更具适宜性，这种开发理念和开发模式可以让静态的博物资源和幼儿的发展需要更紧密地结合起来，并让幼儿在问题意识、思维品质、动手能力、人际交往、生命情怀等方面获得有效的发展。当将自由自主精神以游戏的方式作用于课程开发时，幼儿园博物馆课程就能够更好地兼顾幼儿发展的内容与形式，从而使幼儿以内在建构的方式来实现自身生命的健全和有效成长。第二，游戏精神可以活化幼儿园博物馆课程的开发与实践形式，提升博物馆课程的开发效果。参观展览以及听取专业人员的讲解是开展传统博物教育的主要方式，在这种模式下，幼儿获取的知识和概念尚未真正内化为自身思想、情感、信念和能力的一部分。当将游戏精神中的自由自主精神融入幼儿园博物馆课程开发时，课程就从一种外在强制转变为幼儿的亲身感知，幼儿就可以思考什么样的博物馆课程主题是其感兴趣的并决定如何来建构博物馆课程。

三、游戏精神下幼儿园博物馆课程开发的原则与路径

（一）基于游戏精神的幼儿园博物馆课程开发原则

作为一种园本课程，博物馆课程的建构要充分考虑课程目标、博物馆资源以及幼儿三者之间的关联性，其开发要遵循年龄适宜性、个体适宜性和文化适宜性的原则。第一，年龄适宜性原则。不同年龄阶段的幼儿具有不同的身心发展和经验水平，此时幼儿园博物馆课程在目标设置上就要进行明确的分层，在内容呈现上要遵循从具象到抽象、从单个到系统的组织逻辑，要充分保障幼儿在开展下一步的课程实践之前具有完备的认知和经验基础。第二，个体适宜性原则。每一位幼儿都是一个独立且具有异质性的个体，他们的个体本征、成长环境、兴趣爱好和发展趋向等都不相同，幼儿园博物馆课程的有效开发要充分

考虑并满足幼儿的个体需要。第三，文化适宜性原则。作为一种园本课程，幼儿园博物馆课程在目标设置和内容选择上要积极探寻课程对幼儿学习的支持水平，要将博物馆课程资源中的社会和文化价值进行精心地选择和组织，使其能够充分滋养幼儿精神世界的发育和认知能力的发展。

（二）基于游戏精神的幼儿园博物馆课程内容组织

在自主自由游戏精神的指导下，幼儿园博物馆课程内容的组织应该满足以下标准。第一，幼儿园博物馆课程必须处于幼儿的最近发展区之内，是在幼儿经验范畴之内能够建立起意义连接的，其内容的选择不能从专业的意义上来考虑对象的广博性和深刻性。第二，幼儿园博物馆课程主题的选择需要充分体现幼儿的主体意识和主体需要，不能是成人的外部强制施加，不能纯粹站在成人的立场来思考博物馆课程资源的价值基础及其组织逻辑。第三，幼儿园博物馆课程内容必须便于幼儿的操作与探究，要对课程内容进行分层设置。基于以上要求，幼儿园可以从两个不同的方向来选择和组织博物馆课程内容。第一个是遵循从自然到人文的路径。幼儿对世界的感知首先起源于对物体形状、颜色、温度、气味等的物理性认识，此时其所感知到的一切都是自然之物，之后随着经验的发展才逐步赋予它们不同的意义，也就是开始进入人为的世界。因此，博物馆课程的内容选择可以从自然博物馆建构入手，让幼儿充分感知世界的自然样态，在此基础上再逐步过渡到人类所创造的文明世界。第二个是遵循从个别到系统的路径。幼儿园博物馆课程的内容选择可以先从幼儿的实际生活经验出发，将那些幼儿已经感知到了的主题纳入博物馆课程建设范畴，然后再从主题内部的联系和主题的广度这两个维度进行拓展，最终建构具有层次性、联系性的幼儿园博物馆课程内容体系。

（三）基于游戏精神的幼儿园博物馆课程开发方式选择

自主游戏精神的重要体现就是幼儿对课程的主体性参与，此时博物馆课程开发既可以直接采取游戏化的形式，也可以通过幼儿的自主操作和体验来实现。基于游戏精神的幼儿园博物馆课程开发有两种基本方式。第一，教师可以在梳理幼儿园既有课程体系和幼儿课程经验的基础上，将有关课程经过拓展来形成主题网络和课程资源库。这一课程开发路径体现的是对既有课程体系的完善和深化，以及博物意识和博物思维的具体应用。第二，教师可以根据本土资源特点和教育目标建构新的博物馆课程，将幼儿的经验和思维发展拓展到一个新的层次。在以上两种课程建构方式中，幼儿始终都是课程开发的主体，他们参与课程开发的全过程。不仅如此，幼儿的参与应该要体现真正的自主性，即幼儿园博物馆课程必然要尊重和体现幼儿的自由与自主。

我们来分析这篇例文的基本架构，本文共4200字左右，包括了三个部分，分别是幼儿园博物馆课程开发的时代背景及其目标、游戏精神对于幼儿园博物馆课程开发的价值、游戏精神下幼儿园博物馆课程开发的原则与路径。

在第一个部分中，倪老师先从博物馆功能谈起，再深化到博物馆的教育功能，然后巧妙地过渡到幼儿园博物馆课程的开设。她在这里提到要借助博物馆理念开发课程，这就解决了博物馆教育课程游离于教育体系之外且没有形成章法的两大问题，进而提出幼儿园博物馆课程是指向幼儿博物意识的发展和幼儿认知经验的全面拓展。

在第二个部分中，她在游戏精神与幼儿园博物馆课程之间找到一个契合点，也就是说两者是能匹配的，这样的写作方法我也经常使用，但在契合之前我们要反复思考这两者能否契合到一起。举个例子，我们在看到一个新事物新观念的时候，自然而然地会用自己的已有知识与其“嫁接”，看看能不能契合，这也是波兰尼说的默会知识学，台湾学者林毓生称之为“支援意识”，但支援的时候我们得确定两者是能结合到一起的。倪老师在两者契合之间得出结论，游戏精神可以让幼儿在自由自主地参与和探究中深化对博物馆课程的认识，活化幼儿园博物馆课程的开发与实践形式,提升博物馆课程的开发效果，那就证明这样的契合点是有价值有意义的。

第三个部分则是游戏精神下幼儿园博物馆课程开发的原则与路径探讨，这个部分紧扣了两个核心：一是博物馆课程开发的原则和路径，二是要在游戏精神的指导之下。作者就开发原则、内容组织、开发方式三个层面进行了详细阐述，最终完成了本文写作。总体来看，这篇范文的框架体系、内容、创新点非常值得我们幼儿园教师学习借鉴，我们在书写的时候一定要打好腹稿，将框架体系思考完善，同时要想好文章的创新点究竟在什么地方。

2. 小学论文

以我本人的两篇例文作为样本展开分析。先以与学生张兰合作刊发在2017年第6期《小学语文》上的《群文阅读还是单篇阅读——论两种教学模式的比较》[①]一文为例。正文全文如下：

群文阅读教学是近年来在语文阅读教学领域出现的一种全新的阅读教学模式，是指“在单位时间内，围绕一个议题，选择多个文本进行教与学的活动，是对单篇阅读教学的一种补充和丰富”。那么群文阅读教学和单篇阅读教学究竟有何异同？笔者就这一问题从以下五个方面进行探讨。

一、组合方式的差异

从文章的组合方式来看，单篇阅读教学与群文阅读教学的差异在于，前者是相对独立的个体，后者则是关于某一议题的篇章组合。

单篇阅读的课文通常是按照单元进行划分的，以江苏教育出版社出版的系列教材为例，三年级下册的第一单元有《长城与运河》《美丽的南沙群岛》《庐山的云雾》三篇课文，其单元主题大致可以归纳为：感受自然，赞美自然。再如该册第三单元中的《菩萨兵》《李广射虎》《少年王勃》《大作家的小老师》，这四篇课文虽然涵盖了几位古今中外不同时期的人物，但是都是以“人”为主题的。也就是说，单篇阅读教学的课文，与其所在单元内的其他课文之间存在着一定联系。但课文的呈现及相关知识点的学习拓展是可以独立展开的。群文阅读教学则不同，它不是将文章的内部联系放大至长达一单元的教学时间（约两至三周），而是将多篇相同议题的文章在一节

① 刘大伟、张兰：《群文阅读还是单篇阅读——论两种教学模式的比较》，《小学语文》2017年第6期，第38-40页，第48页。

课内呈现出来。例如，蒋军晶的《创世神话》一课，就是以“体裁”作为议题，通过《关于宇宙的爆炸》这篇科普文章，将中外各国的六篇创世神话（《诸神创世》《盘古开天地》《巨人伊密尔》《淤能棋吕岛》《阿胡拉·马慈达》《始祖大梵天》）组合到一起，让学生在阅读中体会不同国家创世神话的异同。

仅就组合方式来看，这两种阅读方式各有利弊。单篇阅读教学在学习知识点、基本能力拓展等方面的作用是不可忽视的。单篇阅读教学以教材为基础，所教的课文都经过了专家的严格审查和修改，教学目标和要求非常明确。虽然课文所在的单元没有明确的主题，但几篇课文之间是存在联系的，这一点通常在教学中得不到很好的体现。而群文阅读教学是通过一个议题将几篇文章进行组合，教师需要拥有较高的语文素养、渊博的知识、开阔的阅读视野以及优秀的文学品位，等等，才能选择出适合教学的文章。这对于广大一线教师而言很有难度，选文的不慎可能会使整堂课的精髓都付诸东流。

二、教学目标的差异

教学目标的不同应该是这两种阅读教学模式的显著差异所在。传统的单篇阅读教学，注重“有感情地朗读课文”“理解词句的意思”“把握文章的主要内容”等目标。追求斟词酌句、精讲细读，综合地学习识字、写字、阅读等内容，不仅注重学生对知识的掌握程度，更讲求帮助学生习得良好的学习方法，并促使学生形成积极的情感态度与价值观。反观群文阅读教学，其教学目标是能使学生做到“默读有一定速度”“学习浏览，扩大知识面，根据需要搜集信息”“在交流与讨论中，敢于提出看法，作出自己的判断”。因此，在教学过程中不再强调对字词句篇的精读讲解，而是注重阅读过程、阅读方法和阅读策略等。下面笔者以单篇阅读教学的《盘古开天地》（张祖庆执教）和群文阅读教学的《创世神话》（蒋军晶执教）为例进行具体分析。

《盘古开天地》教学实例

知识技能层面：以学习词语“混沌、清浊、血液、滋润”为例。

师：请同学们认真地看屏幕上的这组词语，你发现它们有什么特点？

生：词语中都含有三点水旁。

师：观察得很仔细，那么想想“混沌”这个词语，在课文里是什么意思？

生：就是什么都看不清楚，也无法区分。

朗读层面：

师：打开语文书，把课文通读一遍，注意读得准确、通顺，有难度的句子多读几遍。

师：想象一下，温柔的风慢慢地迎面吹来，美丽的云朵悄悄地向前挪动，看着这样的美景你们会有怎样的感受呢？再来读一读。

过程与方法层面：结合具体语境，进行语言训练。

师：课文中有这样一句话，“辽阔的土地，一片生机。我知道，这是盘古的肌肤”，假如以这种方式描写宇宙，你会怎么样写呢？试着完成语句“________。我知道，这是________。”

《创世神话》教学实例

1. 听故事《盘古开天地》，请学生说说创世神话产生的原因。

2. 阅读第二、四、五篇创世神话，并相互比较。

（1）请学生判断所读的神话是哪个国家的，并说明理由。

（2）基于地域元素和地域特色，请学生分组讨论冰岛的创世神话是怎样的。

（3）教师引导学生总结《盘古开天地》中的民族元素和特色。

3. 阅读第一、二、六篇创世神话，并相互比较。

（1）请学生找出不同地域的创世神话有什么共同点。

（2）分组解决以下两个问题：为什么不同地域、不同民族之间的创世神话会有这么多共同点？为什么无论地域、种族，所有的原始人都觉得原始世界像个蛋呢？

结合两位教师的课堂实录可以发现，张祖庆在课堂上强调对学生态度、情感和价值观的教育。通过对课文的精读，帮助学生感受盘古开创天地时坚持不懈、无私奉献的精神。例如，在帮助学生理解盘古坚持不懈的精神时，张祖庆首先引导学生关注“一百天、一百年、一万年、十万年、几千万年过去了”这句话，理解盘古的坚持不懈，接着用小练笔的形式，让学生写一段话来赞美这位伟大的祖先，实现了由读到写的教学转换。可以说，他的课堂完全达到了《义务教育语文课程标准（2011年版）》中提出的“课程目标从知识与技能、过程与方法、情感态度与价值观三个方面设计”的目标。而蒋军晶的课堂则通过不同难度的问题引导，鼓励学生联系实际和生活经历主动思考、分组讨论，实现了“阅读简单的非连续性文本，能从图文等组合材料中找出有价值的信息”的目标。

三、教学内容的差异

单篇阅读教学的主要内容是“识字与写字”“阅读”“习作”“口语交际”这四方面，强调学习词句的运用方法、有感情地朗读课文，等等。在阅读方面，低中高三个学段都特别强调“用普通话正确、流利、有感情地朗读课文”，通过教师逐字阅读、朗读和美读的方式提升学生的阅读能力，针对不同年段学生的特点采用不同的阅读方式。

群文阅读教学的内容侧重“阅读”和“阅读策略”这两个方面。就阅读而言，群文阅读强调在阅读过程中以学生的默读为主，不太提倡大声朗读，重视培养学生的跳读、略读能力。群文通常由三篇或者三篇以上的文章组成，学生在学习时阅读量大大增加，所以需要用更好的阅读策略来应对。除提升阅读速度外，还需要用筛选信息、提取信息、记忆、比较、分析、判断、整合等阅读策略来辅助阅读。

因此，在教学内容方面，单篇阅读教学体现出语文学习的综合性，能全面培养学生的听说读写能力。群文阅读教学是一种自主探究的学习方式，教师在教学中主要起策划和引导的作用。学生在课前主动设计要讨论的问题，或是在课堂上自己提出问题，说出自己的经验，并不存在固定的答案，学生在学习中的主体性大幅提升。

四、教学评价的差异

单篇阅读教学采用作业、小练习或者考试来评价上课的效果。目前大多数的教师会在课前五分钟让学生完成前置任务单，课后再批改，以此考查学生的课前预习状况。在课后，教师通过布置与当天教学内容相关的作业，帮助学生巩固强化所学知识，同时也是教师检测教学效果的主要依据。这一评价体系具有教育性、目的性、直观性强的特点。

群文阅读教学更重视过程性评价，没有特定的课后作业。群文阅读教学课后没有相应的辅助作业，这就需要教师提高课堂教学质量，在课堂上帮助学生充分理解记忆所学知识。在群文阅读教学的课堂上，教师和学生都要适应思维方式的转变，没有固定的评价模式，更多的是思维的发散。因此，评价体系的设计在群文阅读教学中也是较难把控的。

五、教学价值的差异

单篇阅读教学遵循“阅读教学是学生、教师、教科书编者、文本之间对话的过程”。其内容涵盖“识字与写字”“阅读”等内容，是对课文整体篇章结构的分析理解。叶圣陶曾针对单篇阅读教学提出过“例子”理论，他认为：“语文教本只是些例子，从青年现在或将来需要读的同类书中举出来的例子；其意是说你如果能了解语文教本里的这些篇章，也就大概能阅读同类的书，不至于摸不着头脑。”这种举一反三的作用就是学习课文和阅读其他文章的本质区别所在。

笔者拟从两方面阐述群文阅读教学的价值。首先，对于教师而言，实施群文阅读教学，可以说是一种挑战。教师在教学中既是整堂课的组织者，也是群文的建构者，需要提前根据一个议题组织挑选类似的文章，这并非一件易事。这一方面是对教师阅读量的考验，另一方面也能督促教师不断阅读，开阔自身的阅读视野，提高阅读能力。另外，开展群文阅读教学对教师的教学素养和教学能力也是一个挑战。当一堂课中不再只有一篇课文，而是围绕几篇文章同时展开教学，而且也没有“识字与写字”“把句子读通顺”“读得有感情”等明确的衡量标准时，如何才能上好这样的课，教学的重点、难点又该如何把握，对于教师来说就是值得认真思考的问题了。教师只有拥有较高的语文素养和一定的语文教学能力，才能“快、准、狠”地把握住同议题文章中的特点。因此，群文阅读教学虽然实施难度较大，但能鞭策教师提升自己的教学素养和教学水平。其次，群文阅读教学的实施对于学生来讲具有一定的价值，最明显的表现是：通过群文阅读学生的阅读速度获得了显著提升，也培养了他们默读浏览的能力。另外，学生也学到了许多阅读策略。例如，在《创世神话》一课中，教师要求学生“比较中国与印度的创世神话的共同点”，这就属于“求同”策略，能帮助他们找到不同文本之间的共同点，加深对文章的认识；“说说中国与蒙古的创世神话的区别”，这是“比异”策略，教师可引导学生找出文本之间的差异，方便进一步追溯问题更深层次的成因；解决“不同地域、不同民族的创世神话为何会有诸多共同特征”的问题时就需要运用“整合”策略，学生会在整合材料的过程中发现依据，解释质疑。

总而言之，单篇阅读教学与群文阅读教学各有特点。但需要强调的是，单篇阅读教学始终是阅读教学主要教学模式，群文阅读教学起到的则是补充和辅助的作用，其目的是实现部分仅凭单篇阅读教学难以实现的目标。经过比较，我们可以更加明确两者之间的异同，也为今后更好地实现“单篇为主，群文为辅”的阅读教学打下了基础。

这篇文章并不长，3900字左右，是结合一线案例来写的典型小论文。本文就两种阅读教学方式在组合方式的差异、教学目标的差异、教学内容的差异、教学评价的差异、教学价值的差异进行了分析，行文非常简单，没有论述各种理论，纯粹就是一种比较分析的写法。在组合方式方面，文章就单篇阅读的材料组合和群文阅读的材料组合进行对比，以苏教版教材的组合方式与群文阅读教学的材料进行了对比，对两种方式的利弊进行了分析。在教学目标对比上，文章直接呈现了两段教学实例，以实例来分析两种教学方法的差异。在教学内容差异对比上，文章将两种方式的侧重点罗列了出来，进而分析两种教学法的各自导向。总体来看，这篇文章以实例对比，呈现了两种教学法之间的差异，有案例，有对比，有结论。这篇文章的逻辑体系与上面倪琳老师的完全不同，是另一种写作风格。

再来看我的另一篇例文，刊发于2014年第4期《教学月刊小学版（综合）》的《小学英语课堂有效任务教学的实践与反思——以PEP教材为例》[①]，该文后被2014年第8期的人大《复印报刊资料·小学英语教与学》全文转载。全文约4400字，如下所示：

一、问题的提出

任务型教学（task-based language teaching）是指一种以任务为核心单位计划、组织语言教学的途径。在任务型教学中，需要师生共同努力，以真实世界为参照物，通过情境的建构，从而实施以语言学习为目的的教学活动。经过近三十年的不断发展与完善，任务型教学已经在当前我国英语教学中占据了至关重要的地位。《英语课程标准》（以下简称《课标》）中强调“教师要通过创设接近实际生活的各种语境，采用循序渐进的语言实践活动，以及各种强调过程与结果并重的教学途径和方法，如任务型语言教学途径等，培养学生用英语做事情的能力”。《课标》指出，英语教学中的任务指有利于学生用英语做事情的种种语言实践活动。任务必须具有在现实生活中发生的可能性，而不是“假交际”。教师应强调学生沟通获得信息的过程，重视学生如何思考、交流、讨论、调查和合作，尊重学生的个体差异，设计有效的教学活动，从而达到“提高学生的学习能力、实践能力、创新能力，教育学生学会知识技能，学会动手动脑，学会生存生活，学会做人做事”的要求。

目前就由全国中小学教材审定委员会审定通过的不同版本教材而言，普遍要求采用话题、结构以及“任务型”活动相结合的教学方法。但是，在我国目前的基础教育英语教学的现状下，存在着教师理论水平总体偏低、大

① 刘大伟：《小学英语课堂有效任务教学的实践与反思——以PEP教材为例》，《教学月刊小学版（综合）》2014 第 4 期，第 28-31 页。

班化授课、城乡差异以及以考试为纲的教学体系等弊端，制约了任务型教学在一线课堂中的实施。虽然有不少教师也在积极贯彻任务型教学思想理念，努力通过创设真实的任务活动帮助学生实现语言学习的目的，但仍然存在着“教学目标更强调知识而非能力”“教学中会采用任务或活动，但是任务的类型单一”“任务或活动更主要的是为了娱乐而不是学习，因为学习过程和目标的呈现被弱化”“学生使用语言的机会很少，更注重的是机械的练习，课堂的大部分时间被教师的讲授所占用”等不少问题。带着以上这些问题，笔者选择一所学校深入调研，通过大量的随堂听课，希望能够寻找出英语课堂教学中有效任务教学存在的问题并寻找出改进的策略。

二、课堂实例剖析与改进

1. 任务难度的认同

在教学PEP 3B Unit 4“We Love Animals”一课中Part B“Let's do”有关动物单词时，授课教师让小组成员轮流发出指令，其他成员复述指令并模仿动物动作，从而达到小组合作学习的目的。但在教学中笔者发现，在教师领读转入小组任务的过程中，部分学生的感觉记忆并未能够转为短时记忆，从而遗忘了动词的发音，如“hunt”“climb”等词，这就导致部分发音存在问题的学生产生了从众心理，开始一味地模仿反应最快的同学，其个体本身缺乏对语言的思考学习过程。这一系列问题最终表现在学生开始寻求用最简单的词汇来表达自己的观点，如用“mouse”代替了“hunt like a mouse”，用“elephant”代替了“walk like an elephant”，这也就宣告了教师有效任务教学的失败。

对于该段内容的教学，笔者课后与授课教师交流分析后认为，三年级学生刚刚接触英语，兴趣非常高涨，同时，作为本课学习内容的“Animals”亦是学生极感兴趣的，但是由于学生年纪较小，短时记忆能力较弱，直接导致其课堂语言交流能力匮乏，最终很难完成教师布置的任务。从教师层面来说，教师在课堂设计过程中未能顾及学生之间的学习能力差异，未能考虑到部分语言智能较为薄弱的学生的需求，仅仅依据个人的教学经验判断教学重难点，这最终导致部分学生主动降低任务的难度，未能够完成教师有效教学的任务目标。也就是说，任务的设计者和任务的执行者在任务的难度方面产生了认同差异，这种差异导致了任务的失败。

在随后另一平行班的教学过程中，任课教师根据讨论结果主动将任务难度降低，将原先“Let's do”听指令做动作的任务设计转化为小组讨论模式，指导学生结合上一个单元“Let's paint”中刚学过的color 为“动物园”着色，并将可选用的参考例句罗列在黑板上，供学生陈述使用。在经过激烈的讨论之后，小组A 陈述说：“Look at the picture. The mouse is black, the bear is brown, the bird is red...”小组B 则进一步加大了任务的难度，将第二单元“Look at me”所学body 单词系列和color 相融合，在陈述时他们表示：“This is the zoo. Look at this bear， hands are green， legs are yellow， and body is black. Wow， it's colorful.”至此，在全班热烈讨论color 的过程中，有效任务教学的目标也顺利实现。

可以说，在第二次课堂教学中，授课教师找到了第一次任务教学失败的症结，即未能充分考虑到全体学生对任务难度的认同，故教师在教学设计中，将为动物着色作为切入口，将已学的颜色与动物相结合，降低了学生的认知难度，为学生建构起合适的运用语言的场域，有力地帮助学生构建起良好的语言结构体系。同时，低难度的任务也激发了部分学生提高难度的兴趣，这些学生不仅将颜色与动物组合，还将身体部位与动物组合，进一步将未知与已知相结合，激发了自身的学习主动性。同时，在小组讨论的过程中，开发了学生的合作意识、团队精神，给予了学生思想碰撞的机会，让学生真正成了任务学习的主人。

2. 任务目标的明确

在教学PEP 4A Unit 5“What would you like”中Part B“Let's Chant”部分时，授课教师将学生分组后配置勺子、盘子等道具，学生在听读磁带后边传递这些道具边念唱这部分内容，顿时课堂内一片热闹，学生兴奋地边拍桌子边传递道具，嘴里念念有词。可以说，学生的兴趣完全被调动了起来，教学目标也似乎达到了教师的预设。但据笔者观察发现，部分学生嘴中念念有词，虽然完全投入到了任务之中，但任务结束之后，学生却对所学内容遗忘甚多，根本未能达到教学目的的要求。事实上，这一类的任务教学在小学课堂中屡见不鲜。教师刻意追求学生完成任务的兴趣性，更多地关注了任务的娱乐性而非学习性，导致学习过程和目标呈现被弱化，最终未能实现有效任务教学的目的。

在对教学过程分析过后，教师改变了教学策略，设计了以下一段对话模式由学生演练：

A：What would you like for dinner， John?

B：I’d like some ________.

A：I can use ________， can you， John?

B：Let me try. Oh， no，I can’t. Pass me the ________， pass me the ________， please.

教师通过设计这样绘声绘色的情境教学，不仅在调动学生学习兴趣的基础上顺利完成了教学目标，还给予了学生大量的语言锻炼机会，避免了机械的练习。通过这样的教学设计，避免了任务走向娱乐性而导致学习性降低的缺憾，还充分发挥了任务型教学的交际作用。

3. 任务情境的真实

在教学PEP 5B Unit 2“My favourite season”时，教材中提供了一份关于favourite season的调查表，如下所示：

Name	Spring	Summer	Autumn	Winter

在初次教学过程中，教师按照教材要求，指导学生进行调查询问。部分学生询问完毕后便开始坐在位置上等待，有些学生甚至并未参加询问，直接填上好朋友的姓名之后胡乱勾取，整个课堂氛围略显混乱。在随后的汇报过程中，学生也是简单地通过“Which season do you like best? ”这种一问一答的形式完成了教师布置的任务，课堂气氛相当沉闷。

分析本节课堂设计，教师设定的任务目标与学生的语言能力基本符合，完成了“Which season do you like best? ”的目标语训练，又给予了学生调查过程中的主动权，但是却忽略了学生的个体发展需求。五年级下的学生，思维模式与心理特征已经较三、四年级有了很大的变化，初级简单的调查任务已经无法激起他们的兴趣，缺乏情境且枯燥的一问一答让学生只会敷衍地去完成教学任务，根本达不到教师内心所构想的任务目的。

经过分析改进后，授课教师将全班分为若干小组，为各小组设计了不同的情境对话，从而将简单的调查问卷转化为真实的场景再现。现取其中一小组对话为例：

A：I like swimming. So I like summer very much.

B：So summer is your favourite season.

A：Oh，no，I like flying kites. So I like spring too.

B：But，________ best?

A：OK. Winter is my favourite season，because I like making a snowman.

B：So，are you sure?

A：Sure，________ best.

教师通过将语言生活化设计，给学生创造一个真实的语言情境，让学生在对话中完成任务教学，而且对话中还含有幽默元素，更加激发了学生的学习兴趣。通过任务形式的转变，增加了大量的生活因素，使得小学生能够主动积极地去完成任务，最终达到了有效任务教学的目标。事实上，任务型教学就是要求师生的对话能够贴近生活，“这一概念主要是指和学生的日常生活相关，即在日常生活中可以感知的主题：如食品、动物、班规、校规、体育运动等。”通过完成这些可以感知的任务，也为学生将语言运用到日常生活中奠定了基础。

三、对任务型教学的进一步反思

通过近半年的课堂观察，笔者发现，尽管当前任务型教学在小学英语课堂中屡被提及也广为实施，但仍然存在着一些弊端，如师生对于任务的难度认同存在偏差，任务强调提高学生学习兴趣的同时忽略了学习目的，任务的类型较为单一等。因而，结合这些问题及课堂实践，笔者认为，有效的任务设计应该充分考虑到以下几点。

1. 任务难度要考虑学生需求

在教学实施的过程中，师生之间对于任务难度的看法很可能是不一致的。教师设计的有些话题，虽然学生喜欢并表示了强烈的兴趣，但是由于受到个人语言能力的制约，无法顺利地完成教师设计的任务。比如在案例1中，教师让学生边模仿动物边学习短语，学生的积极性是很高涨的，但是受制于词汇，任务最终的实施效果就未能达到教师的目标。

在课堂教学中，材料、活动、教师、学生等都是影响任务完成的重要因素。在这几个要素中，学生要素对任务能否有效完成起着至关重要的作用，因为学生是任务的最终执行者，所有的其他要素都是为学生学习所服务的。一旦任务难易偏离了学生的认知水平，脱离学生“最近发展区”的语言能力，任务的有效实施就会受到影响。所以，在任务的设计过程中，教师要考虑到学生的认知水平和能力，要引导学生能够主动积极投入到任务当中，才能达到教师的既定目标。

2. 任务设计要贴近学生生活

任务型教学强调学生能够在“做中学”“用语言做事”，它以学习者为中心，以任务为途径，强调真实意义上的交际，培养学习者语言运用能力。这就要求我们设计的任务能够贴近生活，尽量建构生活原貌，符合学生的审美情趣。只有贴近学生生活的任务才能够调动起学生的学习积极主动性，正如案例3中所呈现的那般，单纯的调查访谈与小学生的生活脱离较大，学生难以在这种简单乏味、脱离生活的任务中寻找到乐趣，所以参与任务的积极性受到了打击。

生活才是教育的主要源泉。无论是杜威的“教育即生活”，还是陶行知的“生活即教育”，都是强调生活与教育两者之间的不可分割性。教师也只有深入到学生中，才能了解到学生的生活是怎样的、学生的需求是怎样的，也只有这样教师才能设计出贴近学生生活的任务，而不会因为任务设计而产生隔膜。

3. 任务目标要帮助学生学会交际

任务型教学是交际法的一种新的形态，是交际法的发展，而非交际法的替代物。任务型教学的最终目标是让学生在真实的生活任务中学习英语、运用英语，培养学生能够实现综合语言运用的能力。因此，在课堂教学中，教师应该为学生营造更多的真实交际场景，让学生在这种场景中得到训练，而非简单地进行知识传授。正如案例2所示，一味地让学生Chant，使学生在貌似热闹的氛围中获取了知识，但到了评估阶段却发现学生不一定能够完全掌握知识。只有为学生营造出真实的交际环境，让学生在交际中获取知识，才能够更为有效地巩固知识。

总而言之，语言就是一种交际的工具，学习语言的过程实则是一种交际的过程。教师要本着这种心态进行任务设计，让学生能够在自然的环境中学习英语，而非刻意地追求交际以至走入一种“假交际”的歧途。教师只有在摸索过程中不断改进任务，才能够最终实现有效的任务型教学目的。

本文的框架非常简单，包括问题的提出、课堂实例剖析与改进、对任务型教学的进一步反思。在问题的提出方面，我简单介绍了一下什么是任务型教学，提出了任务型教学存在的普遍性问题；在课堂实例剖析与改进方面，我从任务难度的认同、任务目标的明确、任务情境的真实三个维度，以翔实的教学案例来剖析问题症结所在，其中既有观察到的问题，也有教学改进的举措，高度符合我们常说的“教学+反思”流程；在最后的反思环节，我提出了任务型教学要考虑学生需求、贴近学生生活、帮助学生学会交际三点想法。总体来看，这篇文章没有高深的理论分析，但由于从课堂中来，又到课堂中去，结合案例进行教学改进，最终还能够得出一定的结论，因此是一篇简单高效的成果产出。我在给本科生讲论文写作时，时常拿这一篇文章作为例文分析，即如何能够将我们课堂教学转变为文字，最终形成论文。

3. 中学论文

上述的写作方法和路径同样适用于中学老师。我来举一个理科论文的例子，以南京市雨花台中学汤家合老师刊发在2022年第2期《物理教学》上的《指向核心素养的概念教学：问题和对策》[①]范文为例。在征得著作权人汤家合老师同意后，将全文呈现如下：

1. 物理概念是落实学科核心素养的有效载体

高中物理学科核心素养包括“物理观念”“科学思维”“科学探究”和“科学态度与责任”等四个方面。

1.1　物理概念是形成“物理观念”的基石

课程标准指出：“物理观念是从物理学的视角形成的关于物质、运动与相互作用、能量等的基本认识，是物理概念和规律等在头脑中的提炼与升华。”由此可见，物理概念是形成物理观念的基石。

例如，对于“物质观”，学生只有在学了物质、质量、分子、原子及其结构、原子核及其结构、星体、星系等概念后，才能建立起“世界是物质的”这一观念。再如，学生学习了机械运动、质点、参考系、位置、位移、时间、时刻、速度、加速度、匀变速直线运动、平抛运动、圆周运动和简谐运动等概念，再进一步学习机械波、电磁波等概念后，则可形成“物质是运动的”这一观念。

1.2　概念形成的过程是“科学思维”的过程

课程标准指出：“科学思维是从物理学视角对客观事物的本质属性、内在规律及相互关系的认识方式；是基于经验事实建构物理模型的抽象概括过程；是分析综合、推理论证等方法在科学领域的具体运用。”

物理概念是客观事物的物理共同属性和本质特征在人们头脑中的反映，是基于经验事实建构物理模型的抽象和概括的结果，是观察、实验和科学思维的产物。物理概念形成的过程正是科学思维的过程。

① 汤家合：《指向核心素养的概念教学：问题和对策》，《物理教学》2022 第 2 期，第 12-15 页，第 19 页。

例如，不同的运动物体，形状和大小都存在着差异，但当这种差异对所要研究的运动不重要或可以忽略时，则可以把物体看作是只有质量没有体积的“质点”。可见，“质点”概念的建立过程，是突出主要因素、忽略次要因素、建立理想化模型的抽象与概括的科学思维过程。再如，虽然人们都能观察到路人的行走、小鸟的飞翔、车辆的飞驰、树叶的振动等，但不经过分析、比较、抽象、概括等思维过程，找出它们共同的、本质的属性和特征，即一个物体相对于另一个物体的位置变化，就不可能建立起机械运动的概念。

1.3 概念的形成过程是“科学探究”的过程

物理概念的形成过程是基于观察和实验提出问题、形成猜想和假设、进行分析和论证的科学探究的过程。一般说来，形成一个物理概念，要回答三个问题：

一是“为什么”，即在对实际问题的分析中明确概念引入的必要性。当观察到新现象或遇到新问题需要解决时，往往需要引入新概念。比如，发现小汽车、卡车启动的快慢不同，为比较这种快慢，需要引入加速度的概念。

二是“是什么”，即在概念的辨析中理解其内涵和外延。理解概念的内涵和外延，就是要理解概念的本质和范围，区分概念的相关特征和无关特征，掌握概念的正例和反例等。比如，对于加速度概念，其内涵是“描述速度变化快慢的物理量”，外延有“匀变速直线运动的加速度”“简谐运动的加速度”“圆周运动的加速度”和“一般曲线运动的加速度”等；对于“超重”和“失重”概念，加速度方向是其关键特征，速度方向则是其无关特征；对于“矢量”概念，“力”和“速度”等是正例，“功”和“电流”等则是反例。

三是“能做什么”，即在概念的应用中发展学生的核心素养。物理概念的运用是物理概念学习的目的，也是检验物理概念掌握情况的重要手段，还是加深对物理概念理解的重要环节。例如，学生刚接受力的概念时,往往理解得很肤浅很抽象，只有在接触重力、弹力、摩擦力后，力的概念才趋向具体化；只有当它应用于受力分析时,才能进一步理解力的相互作用的性质；只有在解决形变问题和动力学问题时，才能具体体会到力作用的效果；只有当它应用于合成、分解中才能理解它的矢量性；只有当力的概念跨出力学范围，渗透到电磁学领域中，力的概念才获得进一步延伸。

1.4　在概念的应用中培养学生的“科学态度与责任”

课程标准指出：“科学态度与责任是指在认识科学本质，认识科学·技术·社会·环境关系的基础上，逐渐形成的探索自然的内在动力，严谨认真、实事求是和持之以恒的科学态度，以及遵守道德规范，保护环境并推动可持续发展的责任感。”

物理教学中可以把跟学生生活联系密切的问题、社会热点中的物理问题、现代科技成果等有实践情境的教学内容引进物理课堂；注重创设真实物理情境，通过对真实情境的思维加工来建立物理概念，并运用物理概念分析和解决真实情境中的问题，激发学生的学习热情；通过对媒体消息中物理量的大小进行审视，对媒体信息中的不合理数据进行质疑等来培养学生的科学态度。比如，在学习了电动势的概念之后，可以让学生判断20000mA·h的充电宝有没有超出机场关于“严禁携带额定能量超过160W·h的充电宝、锂电池”的规定，判断的过程不仅加深了学生对电动势概念的理解，明确了其应用价值，还培养了学生的科学态度与责任。

2. 高中物理概念教学中的常见问题

物理概念的教学必须回归概念的本源以有效落实物理学科核心素养，但现实的教学往往是教师采用“一个定义，几项注意，做几道练习题”的方式进行的，做了题才发现学生对概念一知半解，则让他们做更多的题，如此循环，导致课堂上给学生带去的不是享受、成功、体验，而是单调、无趣和一知半解。当下物理概念教学有以下常见问题：

（1）感性认识提供不足

物理学家杨振宁说：“由于传统习惯，亚洲的学生，特别是中国的学生，喜欢复杂的推演的东西，这对自己、对学科的发展都是不利的，因为它违反了物理学的规律，物理本身是现象而不是推演。”物理教育家朱正元先生也说过，对于物理概念和规律等一些理论性的内容，往往是“千言万语说不清，一看实验便分明”。

在杜威看来，学习的本质是经验的“生长”和“改造”。学生在学习物理概念之前，基于生活经验形成了大量的经验性常识，要在此基础上建构物理概念，必须对所观察的现象重新加工，在诸多客观情境中概括出事物的共同属性，抽象出事物的本质特征，完成从经验性常识向物理概念的转变。但是，随着认识的深入，研究问题的抽象化程度增加，仅靠学生已有的经验往往无法建构或理解新的概念，这时候则需要教师真刀真枪地帮助学生做实验，以组织更多的感性认识，帮助学生建构和理解概念。

（2）思维过程的人为缺失

受应试教育的影响，教师在概念教学的过程中常常过于强调概念的知识本位，简化或缺失概念形成的思维过程。很多教师通常利用15分钟时间讲授完新课内容，然后利用30分钟时间进行例题分析和习题训练，这样貌似提高了效率，但却缺失了概念形成的思维过程，致使学生不能抓住概念的本源，不利于迁移。

物理概念的形成是在多种客观情境中概括事物的共同属性、抽象事物的本质特征的过程，物理概念的学习过程是促进学生科学思维发展的最好时机之一。教学中，教师要科学设计概念形成的思维过程，引导学生在观察、实验等获得的感性认识的基础上，利用抽象概括、推理论证、等效思维等方法，形成物理概念，有效地理解其内涵与外延，掌握其实质和应用。

（3）忽视相关概念的干扰

相关概念干扰的表现之一，是邻近知识的干扰。物理概念之间既相互联系，又相互区别。在学习物理概念时，因为概念内涵或外延的相似性，人们常常不能区分相邻或相近的物理概念，会相互干扰，产生似是而非的错误认识。比如，学生很难区分位置和位移，速度和加速度，压力和压强，功率和效率，库仑电场和感应电场，温度、热量和内能等概念。再比如，学生会错将秒表理解为周期为1秒，错将万用电表的“+”“−”插孔当作正、负极，把β衰变中释放的电子误认为是核外电子等。

相关概念干扰的表现之二，是其他学科知识的干扰。比如，学生受数学知识中“合数一定大于分数”的影响，得出合力一定大于分力的错误概念；受语文中不少近义词在许多场合下可以通用的影响，就在物理学习中照搬，常将“垂直与竖直”“量值变化的大小与变化的快慢”“楞次定律中的阻止与阻碍”“电源消耗功率与损失功率”等混为一谈，使物理概念变得模糊起来。

相关概念干扰的表现之三，是前概念的干扰。学生在物理学习之前，头脑并非一张白纸，他们从日常生活中积累了不少与物理有关的感性认识，形成了一定的前概念。其中有些是错误的或片面的，从而干扰了正确概念的形成。例如，学生会认为：重的物体总比轻的物体下落得快，只有浮在液面上的物体才会受到浮力，摩擦力总是阻碍物体的运动，甲推倒了乙说明甲推乙的力大于乙推甲的力，物体受力才能运动等。

（4）不能形成概念结构

怀特海在《教育的目的》一书中说：“支离破碎的信息与文化毫无关系。一个人若只是见多识广，那他不过是这普天之下最没用的人了。”同时，当代心理学研究表明，个体解决问题的层次高低取决于所获得的有关知识多少及其结构化程度，也就是说，只有实现结构化的知识，才能真正促进问题的解决。从这个意义上说，实现知识的结构化既是课堂教学的核心目标，也是衡量学生核心素养的主要标志。

当下的物理教学，通常都是教师一个概念一个概念地教，学生只见树木不见森林地学，很少能通过推理和论证来把握概念之间的相互联系，不能有效地形成结构化的概念体系，更不能抽象出更高一层次的认识。导致的结果是，概念间很容易相互混淆，使用时不能有效地提取；概念在学生的头脑里彼此孤立地存在，不能形成解决问题的合力，更不利于形成物理学科核心素养。

3. 指向学科核心素养的概念教学策略

物理概念多且抽象，这就需要教师能够在概念的提出、建构、转变、深化理解和形成结构等方面进行合理的设计，让学生理解概念的来龙去脉，弄清概念间的区别与联系，在头脑中形成概念的知识框架，达到灵活运用的目的。

3.1 创设认知冲突，提出物理概念

在物理学的发展历史中，最吸引人而又令人绞尽脑汁的大概应该首推五花八门的物理学悖论（又称佯谬）。在物理学的发展进程中，一种悖论被克服并产生了另外一种悖论，其中每一种悖论的克服都使物理学向前迈进了一大步。我们可以在教学中有意识地为学生设置一些悖论，让学生在发现、分析和消除悖论过程中，提出新的物理概念。

例如，在“光的全反射”教学中，可以先组织以下教学事件供学生讨论。教学事件一：光从某种介质射入空气，当入射角θ_1=30° 时，折射角θ_2=60° ，则该介质的折射n多少？当入射角θ_1=60° ，折射角θ_2是多少？教学事件二：用激光从光导纤维的一端射入，发现无论怎样弯曲光导纤维，激光总能从另一端射出。

探究始于问题，问题往往出现在新旧认知发生冲突之时。在事件一中学生求出$n=\sqrt{3}$，$\sin\theta_2=1.5>1$，出现了和数学常识相悖的情况；事件二中的实验结果则与学生已形成的光的直线传播的生活经验相悖。这些都让学生大为不解，引发了认知冲突，产生了悖论，激起了探究欲，由此进一步分析，便可有效地引入全反射和临界角的概念。

3.2 设计思维过程，建构物理概念

学生在学习物理概念的过程中，科学思维不会自然地发生，它需要由新情境引发认知冲突，提出需要解决的新问题，再由相关的关联性问题进行维持，最后通过问题解决形成新的概念，发展学生的思维。教学中，可以就一些典型的概念设计其形成的思维过程，为类似的概念学习提供学习方法的支架。

例如，用比值定义物理量的基本思想是“比较”——“异中求同，找共性；同中求异，找差异”。有了共性，用比值定义物理量才有可能；有了差异，用比值定义物理量才有必要。基于此，“电场强度”概念建立的思维过程大致有三步：第一步，找共性——用理想实验的方法，设想把试探电荷放入电场中的同一点，抽象出该点试探电荷的受力$\overrightarrow{F}$与试探电荷的电量q之比$\overrightarrow{F}/q$为一恒量（与q和$\overrightarrow{F}$无关）；第二步，找差异——将试探电荷q放入电场中的不同点，可以看出$\overrightarrow{F}/q$不同，比值大（小）处电场强（弱）；第三步，下定义——概括以上步骤后，把$\overrightarrow{F}/q$定义为该点的电场强度，用$\overrightarrow{E}$表示。它反映了电场中不同点的性质，与试探电荷的多少、存在与否无关，是矢量，其方向可以由正电荷的受力方向来规定。

可以看出，“电场强度”概念的建立过程中用到了抽象与概括、归纳与推理等思维方法。在教学中，若能使学生清楚物理概念的由来和定义过程，则可以很好地理解概念，发展学生的思维能力。

3.3　设计有效情境，扩展概念认识

新概念的学习方式有二：一种是“生长”，即新概念可以直接纳入原有的知识结构，通过积累的方式使知识结构发生变化；另一种是“改造”，即将错误的前概念转变为科学概念，通过转变的方式使知识结构发生变化。在物理概念的教学中，关键是创设体现概念本质特征的生活情境或实验情境，用具象的情境支撑起抽象、概括的物理概念，实现前概念的转变。

例如，学生通常会错误地认为“摩擦力总是阻碍物体的运动”，这是因为学生在学习摩擦力之初，教师列举的生活实例中，多数是摩擦力阻碍物体运动，强化了“摩擦力总是阻碍物体的运动”这一非本质联系的刺激，而忽略了能够突出本质联系的刺激。

如果能分析一下传送带运送货物的例子，就可以了解这里静摩擦力充当了动力；如果再分析一下“在水平前进的木块上放一物体，物体相对木块向后滑动，而相对地面却被向前推动”的例子,就可了解物体运动的动力来自滑动摩擦力。这两个例子所包含的“摩擦力阻碍物体间发生相对运动或运动趋势”的本质联系的刺激就强烈，因而不会造成误解。然而教学中我们却不大注意用这类情境去纠正依靠通常情境建立的错误概念。

3.4　变化问题情境，深化概念理解

教学中可以利用“质不变而形变”，即通过变更对象的非本质特征以突出对象的本质特征（内涵）来深化对概念内涵的理解；也可以通过“形不变而质变”，即通过变更对象的本质特征以明确概念的适用范围（外延）来深化对概念适应范围的理解。

例如，分析在图1中三种情况下弹簧秤的示数这种“质不变而形变”的变式问题，则可帮助学生深化理解弹簧秤中“张力”的概念。

再如，图2所示是电源最大输出功率的4个变式，通过对4个“形不变而质变”的问题的讨论，可以使学生深刻理解用电器与电源功率“匹配”概念的适用范围。

问题1：如图2（a）所示，已知电源的电动势为ε，内阻为r，变阻器电r最大值为R_0，且$R_0>r$，试r大时，其消耗的功率最大？

问题2：如图2（b）所示，已知ε=12V，r=4Ω，r_0=3Ω，试问：当r为多大时，$r0$上消耗的功率最大？

问题3：如图2（c）所示，已知ε=12V，r=4Ω，电动机内阻r_0=1Ω，额定电压为4V，试问：当r为多大时，电源的输出功率最大？

问题4：如图2（d）所示，理想变压器原副线圈的匝数比为$n_1:n_2$，电源

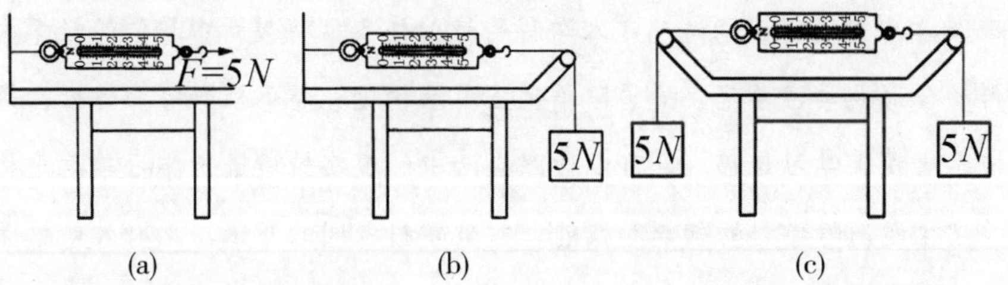

图1

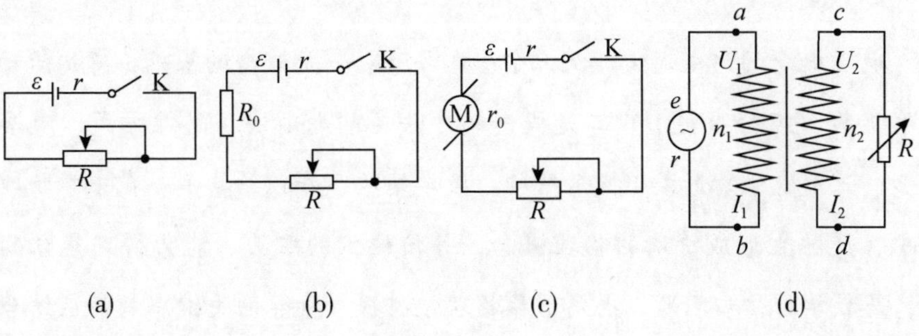

图2

电动势为ε，内阻为r，问：当r为多大时，电阻r消耗的功率最大？

3.5　设计单元教学，形成概念结构

教学中，可以按照教材的章节框架，以学科知识体系为主题对学习单元进行重构，组织教学，关注概念之间的内在逻辑，体现层次性和递进性，呈现教材单元的特点，目的在于学生形成完整的学科知识体系，促进知识的系统化与结构化。

例如，人教版新教材把“平抛运动”和“圆周运动”由原来的一章拆分为两章，其主要目的是减少该章的节数，但这却人为割裂了知识间的联系。教学中，我们以“运动的合成与分解”这一方法作为主线，对这两章内容进行重构：平抛运动可以分解为水平方向的匀速直线运动和竖直方向上的自由落体运动；匀速圆周运动可以看作沿切线方向的匀速直线运动和沿半径指向圆心的初速度为零的匀加速直线运动的合成，其加速度即为向心加速度，再由相交弦定理和匀变速直线运动的位移公式即可求出向心加速度的大小。这样处理，可以把看起来毫无联系的两个运动，用“运动的合成与分解”这一方法统一起来。

教学中，还可以通过确定本学科的核心任务，将教材中相似的教学内容进行整合形成学习单元，使学习单元呈现结构化、整体性和可操作性，进而促使学生发生学习迁移。也可以按照生活中的现实情境进行学习单元重构，引导学生运用跨学科的知识和技能，打破学科之间的界限，更有效地培养学生的综合思维。

4. 结束语

物理概念的形成通常涉及三个基本要素：一是概念的基础（感知活动、观察实验、经验事实）；二是概念的方法（问题解决、思维方式、观察证实）；三是概念的形式（概念结构、数学结构、知识结构）。在中学物理教学中，使学生形成清晰的物理概念，并使他们的智力、能力得到充分的发展，是教学的核心问题，也是培养物理学科核心素养的关键。教师应结合概念形成的三要素和物理新课程倡导的自主、探究与合作等教学理念，从概念的形式、内涵、外延、例证和前概念等方面组织教学，为物理概念的学习打好坚实的基础。

汤家合老师的范文从三个方面展开了论述，首先阐述的是物理概念对于形成学科核心素养的价值意义，他从“物理观念”“科学思维”“科学探究”和“科学态度与责任”等四个方面进行了论述，探讨了物理概念之于学科核心素养达成的必要性；而后又呈现了高中物理概念教学的实然状态，即实际上存在着感性认识提供不足、思维过程人为缺失、忽视相关概念干扰、不能形成概念结构这四个实际现状；最后他通过实际教学案例提出了指向学科核心素养的概念教学策略，“创设认知冲突，提出物理概念”“设计思维过程，建构物理概念”“设计有效情境，转变物理概念”“变化问题情境，深化概念理解”“设计单元教学，形成概念结构”，这五步环节层层递进，从提出到建构，再到转变、深化，最终形成物理概念，每个环节的设计都针对概念教学存在的问题，直指学科核心素养的达成，且这五个环节都是通过翔实的课堂案例、图示的方式推进的，也非常符合我们一线教师的语言风格，具有极强的可借鉴性、可学习性、可模仿性。

再举一个高中教师的写作案例：我的硕士同学陶荣老师在2021年第5期《历史教学（上半月刊）》上刊发的《连环追问：古地图类史料之多重研读——以〈坤舆万国全图〉的研读为例》。这个案例我不再进行例文框架分析，而是请作者讲述该文写作背后的思考，他表示：

从2020年10月开始，《历史教学》杂志设了一个新栏目——“青年说”，围绕新课改、新问题，刊载青年教师写的研究文章。本人一篇小文《连环追问：古地图类史料之多重研读——以〈坤舆万国全图〉的研读为例》，有幸在《历史教学（上半月刊）》2021年第5期予以刊载。拟择其几点思考，略述如下：

深察选题，精研细思

在文章的选题上，就选择内容而言，尽量撷取历史教材中已有的、日常教学中常见的素材，尽量避免生冷偏狭的问题。对常见知识点的教学既不能漠视，也不能“炒冷饭”，而是抓住核心问题展开进一步的思考和探索，力求在教研中有所建树。教学研究需以小见大的视野，更需“寻常之处见非常”的突破，这就是所谓的问题意识。如本文的选题来自历史教材的《坤舆万国全图》的古地图，通过对该幅古地图分三个方向的连环追问，对其予以多重解读以求有效利用之策：对制图者的追问；对地图文本内容的追问；对地图衍生性问题的追问。基于此，以展示古地图类史料教学运用可能达到的深度、广度和高度。

基于学情，量体裁衣

在研究的角度上，本文是从学生学习与认知的角度来展开的，而不是从知识概念的角度去进行一般性的解读。学生的历史学习和历史认识，是一个能动的过程，也是一个多样化的过程。所以，对所学历史知识和所要认识的历史问题，是不能受限于固化的范围或模式的，而要根据学生认知发展的需要，重构教学的内容和教学的过程。本文是在进一步厘清历史原貌的基础上，设计相关的问题链，从学生真实体验和真实探究的视角展开历史的追问，引导学生在认识问题和解决问题的过程中进行层层演绎，开展深度学习，获得新知。当然，这样的教学思路和教学设计，还是离不开教师的问题意识。本文在“追问”上下功夫，设计了引发学生探究的问题链，这是与教师的问题意识直接成正比的。这也再次体现了教学理念上所说的：在教学关系中，学生处于主体的地位，教师发挥主导的作用。可以说，将这一理念在教材整合、教学设计和教学实施中很好地融合起来，体现出来，这就具有了教学研究的真正价值。

史料支撑，研习有度

在文章的论述上，并非从概念到概念、简单引经据典地空发议论，而是以充实的历史史料作为支撑，设计和组织学生开展史料研习的活动，使学生能够发掘和利用材料中的有效信息，生成自己对历史的认识。如本文不是停留在对古地图绘制的技术层面和表象信息的介绍上，而是将古地图产生的大时空建立起联系，提供相应的历史信息，使学生具体地了解当时欧洲在政治、经济、思想、科技等方面的变化，以及中国在明清之际所处的变局，从而使学生能够从一幅古地图的研读中获得更为完整的历史认识。历史教科研的文章，内容的充实是表现在教学理论能够落地、教学设计能够完善、教学材料能够具体、教学活动能够展开等多个方面。

研读有法，素养落地

在研究的落点上，文章通过对具体史事的分析及教学过程的设计，将研究的落点定位在学生历史学科核心素养的发展上。本文指出在组织学生进行史料研读时，要引导学生关注史料的显性和隐性的信息、不同类型史料的相互引证，以及如何建立符合历史逻辑的相对完整的证据链等问题。文章同时提出具体追问方法：该图的主题是什么？如何解释该主题？谁绘制了该图？绘制者的动机又是什么？绘制者在何种历史情境下创制了该图？该图绘制于何时？绘制时间是否会影响古地图类史料的文本内容、意图与可信度？该图有几种版本？教材中又是哪一版本？该版本是一手史料还是二手史料？你的判断依据是什么？谁是该图目标读者？目标读者是私人还是公众？目的、读者、时间或环境在多大程度上影响了该图的内容？文章指出了连环追问过程是激发学生学习兴趣的过程，也是历史思维过程，更是历史批判性思维过程，后二者如影相随，在古地图类史料教学中发挥着重要作用。如何让古老的地图走出故纸堆，重获新生，让新课标的时空观念、史料实证、历史解释等核心素养在教学中真正落地，这需要教师有点石成金、化腐朽为神奇的素养和能力。总之，核心素养不是教师教出来的，而是学生自己经过感受、体验、探究、思考、总结等认知过程生成的。因此，要转变由教师直接灌输知识和传递现成结论的教学方式，探寻学生真正自主学习、合作学习和探究学习为特征的教学方式[①]。

① 本段材料由陶荣老师提供。

（三）反复打磨

文章的写作不是一蹴而就的，而是需要反复打磨才能够最终完稿。我建议老师们可以采取两种方法：一是自己将文稿放置一两周时间后再拿起来读一读，看看有无需要修改的内容；二是将文稿发给相关专业的好友看一看，请他们提点意见或建议。打磨的过程中我们要关注到格式、字体字号、错别字等等一些最基本的问题。我在指导学生毕业论文写作时，经常遇到我带的语文学科方向的学生，最终交给我的稿子居然还有开头不空两格、一个逗号从头用到一段话尾、错别字等一些最不应该出现的错误。我常笑话他们说，如果你们这些未来的语文老师连开头空两格的问题都要犯错，将来你们教学生写作文我都非常担忧。因此我有一个建议，写好的稿子一定要打印出来逐字逐句校对，看纸质稿和看电子稿的差别还是很大的。

最后还要特别提一句的是，在文章摘要的打磨上也要特别注意。摘要是一篇文章的灵魂，读者看到摘要就能基本上明白文章陈述的内容是什么，所以摘要一定要高度凝练，将核心思想凝练到两三百字当中去。摘要切记不要写"本文……""本人认为……"等等这类话语。以我被2022年第5期人大《复印报刊资料·教育学》转载的《〈中华人民共和国家庭教育促进法〉的政策议程分析——基于多源流模型的视角》一文为例，其摘要如下：

对金登的多源流模型进行了中国本土化创生性改造,提出政策创新家这一概念,同时运用这一模型分析《中华人民共和国家庭教育促进法》的政策议程后发现,重要指标、焦点事件和反馈信息三方面构成了问题源流;全国妇联、教育界人士及各方精英代表对立法问题的回应构成了政策源流;国民情绪和政治力量导向构成了政治源流。在焦点事件引发政策窗口开启后,政策创新家开展了多重软化工作,推动了家庭教育立法得以审议通过,这一案例为今后各类议程设置甚至智库咨政建言提供了借鉴。①

上述摘要约220字，首先阐述了本文的重要创新，改造了原有西方政治学理论，提出“政策创新家”概念；其次，利用多源流模型分析问题源流、政策源流、政治源流的路径；最后阐述了多源汇聚推动了立法并提供了借鉴。摘要要言简意赅，将核心思想呈现即可，这确实需要一些提炼的能力，不过我们老师可以通过慢慢摸索不断提升。

四、如何投稿？

投稿的过程中我们首先要注意，不能一稿多投，这是学术不端行为。当然，有些时候我们很急，投出去编辑不回复不搭理，一直没有消息，这时候能做的就是等待3个月后换投另一家刊物。我曾经有一篇文章投出去之后整整14个月才得到了被“枪毙”的消息，期间一直是等待编辑处理的状态，好在当时不是很急于发表。后来实在忍不住了，联系上编辑之后确认文章已经被“枪毙”，才另投他刊，再通过3个月的初审复审，直到发出已经过去了整整3年。

另外，投稿我们最好能够找到正规的投稿路径，如期刊上印刷的投稿邮箱或网址，有些期刊迄今还保留有收纸质稿的习惯，那我们就要去邮局邮寄纸质稿。切不可在网上随便找一个投稿邮箱投出去，否则你辛辛苦苦写的文章就有可能被人家改个作者名发表了。读博士时我师妹曾在网上投稿，后发现她辛辛苦苦写的一篇海外研究文献综述居然被某大学的老师改名刊发了，我分析这肯定是由于网络假邮箱骗取了稿件，再转卖给了客户。所以，投稿一定要按期刊指定地址投，最好是在纸质刊物上寻找投稿地址。

还想强调一点，如果我们要投给某刊物，最好找到它的期刊看一下有无跟你的文章契合的栏目，如果没有，投出去也是白费功夫，如果

① 刘大伟、周洪宇：《〈中华人民共和国家庭教育促进法〉的政策议程分析——基于多源流模型的视角》，《教育学术月刊》2022第1期，第3页。

有，一定要根据期刊的排版格式将你的文章排好版再投出去，这样的一个"精装修"文章被采用的可能性更大。如果这篇文章被拒稿了，你再想投另一本期刊时，请记住一定要再看看另一本期刊的格式要求，如有的期刊要求脚注，有的要求尾注，是不尽相同的。然后我们再根据另一本期刊格式要求"重新装修"文章。切不可不管不顾期刊差异，用一种格式的文章直接投出去，那样被刊发的可能性就会降低。

最后要学会与编辑沟通。无论是发邮件还是打电话都要体现出我们是一个高智商高情商的写作者，学会谦虚但不卑微，在整个修改直至印发的过程中要按照编辑的要求进行修改。学会与编辑老师做朋友，这样有利于我们学术研究的不断深入，有利于研究成果的发表。

五、中小幼教师能发表SSCI论文吗?

这个问题原本不在我的思考范围以内，但近期由于我作为通讯作者撰写的一篇文章*The Impact of Teachers' Professional Development in Science Pedagogy on Students' Achievement: Evidence from TIMSS 2019*刊发在了SSCI四区的*Journal of Baltic Science Education*上,而本文的第一作者汤瑷宾老师是杭州市天长小学的科学老师，在职攻读南京师范大学教育博士学位。由此我想到我们现在的中小幼教师队伍当中已经出现了一批具有硕士学位、博士学位的年轻教师，他们的实践教育经验其实也可以凝练出来，在国际范围内传播与分享，讲好中国教育故事，让全世界的人能够学习到中国教育经验。为此，我请汤老师分享了一下写作经验：

首先确定研究主题，在Web of Science的"主题"中检索关键词，将检索结果按期刊发表数量排序，记录关于这一主题发文量前五的期刊。逐一浏览这些期刊近期文章、期刊作者指南和是否对中国作者友好，确定目标期刊的发文要求（尤其关注字数要求），确定目标期刊。

写作部分，大部分英文文章分为Introduction、Literature review、Method、Results、Discussion、Conclusion几部分，不建议从头开始写。推荐一边做Literature review，一边跑数据，因为以往文献纳入的协变量可能会影响数据处理结果。处理完数据，先写Method、Results部分，再写Introduction、Discussion、Conclusion部分，因为Introduction中提出的问题，要在Discussion中进行充分的阐述，并在Conclusion中做出回应。

建议直接用英文写作，当不知道该怎么表达的时候，可以模仿目标期刊中的表达句式。如果用中文写作再进行翻译，由于译者不是相关专业人员，不一定能表达出准确的意思，会非常影响编辑的阅读。后期如果编辑表示有语言问题，可以再请翻译进行英文润色。[①]

① 本段材料由汤瑗宾老师提供。

第二章　如何写好课题?

一、如何写好全国教育科学规划项目申报材料?

（一）什么是全国教育科学规划项目?

全国教育科学规划项目是国家社科基金的单列项目。国家社会科学基金是国内文科领域最高级别的基金项目，其中教育学和艺术学、军事学三个学科属于单列学科，教育学项目由全国教育规划办公室办理，所以有些人称之为国家社科基金项目（教育学），也有人称之为全国教育科学规划项目（以下简称全教规），两者是一致的。全教规分为国家重大、国家重点、国家一般、国家青年、教育部重点、教育部青年六个级别，分别予以60万、35万、20万、20万、5万、3万的经费资助，获取难度也与资助经费的多少排序一致，国家重大、国家重点、国家一般分列难度前三位。全教规以立项难度大著称，但即便如此，所有教育科研人依然向往这颗明珠，因为这是教育学研究的顶级课题项目。全教规网站的数据显示，即便是立项难度最低的青年项目（主持人限制在35周岁以下），年平均立项率也仅为10.3%。即使能够立项，全教规的结项要求也是很高的，以我的项目为例，结项要求是发表3篇C刊，完成一本专著。所以，全教规获批难度大，结项难度大，是教育学最有含金量的课题项目，

以我之前的申报单位南京晓庄学院为例，历年来总计成功立项4项，尚无结项项目。

（二）中小幼教师能申报吗?

当然可以。我统计了一下，2021年度全教规立项共452项，申报人单

全国教育科学规划领导小组办公室

教科规办函[2020]09号

国家社会科学基金“十三五”规划2020年度教育学一般课题立项通知书

刘大伟同志：

经全国教育科学规划领导小组学科规划组评审，全国教育科学规划领导小组审批，您申报的课题 教育智库建设的国际经验与中国路径研究 已被列为国家社会科学基金“十三五”规划 2020 年度教育学一般课题，课题批准号 BGA200054。

根据《全国教育科学规划课题管理办法》有关规定，接受立项后的《全国教育科学规划课题申请·评审书》即为有约束力的协议，您及所在单位须承担相应责任并执行以下规定：

1. 接此通知后，请于 2020 年 12 月 30 日之前完成开题，并按照研究周期将开题报告、中期报告、研究成果等及时报送我办（格式文本可通过我办网站 http://onsgep.moe.edu.cn 下载）。

2. 课题实行分级管理，重要活动、重要变更和重要成果均须及时报送我办和所在单位科研管理部门。

3. 课题组必须坚持科研的公益性，不得利用课题名义从事任何经营性活动。

4. 课题总经费 20 万元，分期拨付。根据《国家社会科学基金项目经费管理办法》，项目负责人接到我办通知后，按批准的资助金额编制项目预算，并根据要求填写回执（在我办网站下载），于一个月内将列有预算的回执寄送我办，同时发送电子稿到我办邮箱。凡无特殊原因逾期不寄回执者，视为自动放弃资助，不再办理拨款手续。

5. 课题研究成果发表须独家注明“国家社会科学基金教育学一般课题+课题名称+课题批准号”；著作成果实行先鉴定后出版，结题时须同时提交书稿和出版合同；出版后的著作需提交 2 套给我办存档。研究成果具体要求参见《全国教育科学规划课题成果鉴定结题细则》。

若对以上规定持有异议可以不接受，并请来函说明，立项协议自行废止。

全国教育科学规划领导小组办公室

二〇二〇年九月[illegible]日

图2-1 国家社会科学基金“十三五”规划2020年度教育学一般课题立项通知书

位为中小幼学校的，一般项目中立项4项；西部项目1项；教育部重点项目立项较多，达到了21项；教育部青年项目立项5项；教育部专项2项。总计中小幼学校（含设区市一级教研室教科所）立项33项，占全年度立项数的7.3%。

表2–1 2021年度中小幼单位获得全教规立项一览表

类别	申报人	课题名称	工作单位
一般项目	孙小红	新时代中学教师优秀特质及其培养途径研究	南京师范大学附属中学
	田间	在线教育提升边远地区中学教育水平的运营模式、效果评估和关键影响因素研究	四川省成都市石室中学
	葛敏辉	概念构图撬动教学深度变革的实践研究	浙江省东阳市吴宁第五小学
	戴智敏	结构化、融合式、跨界型：中职“1+4+N”教学创新团队建设的研究与实践	绍兴市职业教育教学研究室
西部项目	古爱华	农村中小学艺术学科高质量教研体系的区域化构建研究	重庆市綦江区教育科学研究所
教育部重点	何伟	空间能力训练对自闭症儿童心理理论能力发展的促进作用：基于虚拟现实技术的干预研究	深圳市南山区教育科学研究院
	高瑜	职普融通背景下中小学生职业体验的跨界融合机制研究	成都市教育科学研究院
	王新祥	初中道德与法治教学融入“四史”教育的行动研究	武城县第四中学
	孙夕礼	新发展理念下“大学—高中”贯通培养拔尖创新人才的路径与机制研究	南京市金陵中学
	欧捷	一体化视域下思政课改革创新联合体的构建研究	福建省南平市高级中学
	张海滨	基于融合性沙盘游戏的自闭症儿童社会交往能力培养的研究	大连市西岗区日新学校
	李明伟	基于项目式学习的小学教师专业发展设计与实践研究	上海市青浦区协和双语学校
	马宁	“五育融合”视阈下普通高中综合育人模式的创新研究	常熟市中学
	付晓秋	“五育融合”视域下小初高一体化美育课程体系建构及实施策略研究	厦门英才学校

续表

类别	申报人	课题名称	工作单位
教育部重点	王翠霞	基于CIPP评价模型的中小学劳动教育评价体系研究	福建省厦门双十中学
	眭金祥	促进关键能力提升的普通高中动态生成课堂教学行动研究	丹阳市第五中学
	蒋炎富	新时代城市中学劳动教育的实践研究	北京市第十二中学
	吴晓玲	指向深度学习的小学语文探究性阅读评测研究	厦门市集美区灌口小学
	吴建英	传承文化基因的“1+X”全景式阅读课程建设研究	江苏省南通市海门区东洲小学
	盖维秀	基于儿童思想生长的课程体系构建研究	东营市东营区英才小学
	潘文彬	项目化学习视域下儿童问学课堂的理论与实践研究	南京市中华中学附属小学
	王广木	基于SOLO分类理论的小学数学个性化校本作业开发研究	厦门市集美区乐海小学
	吕华琼	基于“未来音乐创意学习中心”建设的实践与探索	上海市长宁区天山第一小学
	伍春虹	以劳动教育为载体的幼儿园德育生活化实践研究	广东省中山市小榄镇（明德）中心幼儿园
	骆云蕾	基于儿童发展的幼儿园课程平衡方法及其运用研究	上海市嘉定区星华幼儿园
	刘静	高质量视域下幼儿园过程评价标准与实践机制研究	重庆市江北区新村幼儿园
教育部青年	张思梦	城乡中小学一体化发展对乡村学生发展质量提升的影响研究	北京市第一六一中学回龙观学校
	费发辉	西北地区普通高中多样化特色发展研究	石嘴山市第一中学
	吕璐	实现综合育人价值的中学劳动教育课程体系研究	北京亦庄实验中学
	侯忠杰	新时代中学语文诗词曲唱艺术研究	天津市第三中学
	王砚生	小学传承云南多民族文化的课程实施策略研究	昆明市五华区武成小学

续表

类别	申报人	课题名称	工作单位
教育部专项	高红妹	项目引领的粤港澳姊妹学校合作模式研究	深圳市罗湖区教育科学研究院
	郑骄虹	提升香港学生国民身份认同及正面价值观的教育研究	建平县高级中学

这里特别要说明的是，教育部青年项目要求申报人年龄不得超过35周岁，这给了很多青年教师尤其是具有较好研究功底的教师机会。再来看一下2020年和2019年的统计数据。2020年全教规立项共436项，中小幼教师共成功获批35项，占总量的8.02%。其中教育部重点项目有23项，是获批项目最多的类型。2019年全教规立项520项，中小幼教师成功立项37项，其中教育部重点项目有32项。由连续三年的统计可以发现，教育部重点项目立项数最高，相对而言，应该是几个类型中最有可能获批的。

表2-2　2020年度中小幼单位获得全教规立项一览表

类别	申报人	课题名称	工作单位
一般项目	陆云泉	基础教育集团化办学中学校内部治理体系和治理能力建设研究	北京市第一〇一中学
	王伟	未来学校学习空间建设的实践研究	潍坊未来实验学校
	傅琴	乡村振兴战略背景下偏远乡村学校走向优质的路径研究	淄博高新技术产业开发区第八小学
	奚亚英	“互联网+”视域下小学生非正式学习的指导策略研究	江苏省常州市武进清英外国语学校
	徐双莲	契约文化：现代学校治理体系建设新途径	浙江省浦江县实验小学
	赵敏	后现代视野下学前教育“田园文化课程”的实践建构	成都市新都区第一幼儿园
西部项目	高红	云南沿边跨境民族地区学前教育可持续发展研究	云南师范大学附属小学
教育部重点	薛炳群	小学生语文阅读能力分阶评价的研究	山东省潍坊市教育科学研究院
	胡军	基于证据的数学高阶思维培养的行动研究	上海市虹口区教育学院

续表

类别	申报人	课题名称	工作单位
教育部重点	蒯义峰	专业发展视域下班主任时间管理倾向研究	上海市嘉定区教育学院
	唐文建	基于核心素养的高中数学深度学习案例研究	铜仁市教育科学研究所
	王同聚	面向中小学人工智能教育的教师培养与教学策略研究	广州市教育信息中心（广州市电化教育馆）
	李婷	中小学“灵性音乐教育”的理论建构和实践研究	深圳市盐田区教育科学研究院
	马培高	聚焦中小学教师研修转型的“五要素范式”区域建构实践研究	重庆市江北区教育委员会
	孙红军	新时代中小学劳动教育课程资源的深度开发研究	山东省东营市教育局
	宋国香	市域整体提升中小学生艺术素养的模型构建研究	山东省东营市教育局
	杨遇霖	生活教育理论视域下推进“五育融合”的区域实践研究	上海市宝山区教育局
	王晓芸	政社协同视域下县域教育治理创新的行动研究	苏州太仓市教育局
	顾登妹	区域大中小学一体化推进习近平新时代中国特色社会主义思想“三进”的实践研究	上海市杨浦区教育局
	卜健	人民教育家于漪教育思想区域转化与应用的实践研究	上海市杨浦区教育局
	董欣	融合教育背景下残疾学生同伴关系质量提升的行动研究	大连甘井子区特殊教育中心
	朱越	强基背景下基础学科拔尖创新人才高中阶段培养的实践研究	上海市七宝中学
	保志明	培育创新后备人才的高中理科课程改革研究	南京师范大学附属中学
	龚胜强	“强基计划”视阈下优质高中创新人才培养模式的实践研究	江苏省常熟中学
	朱爱华	大成语文：基于跨界学习的小学语文整体育人实践研究	江苏省如皋师范学校附属小学
	魏光明	小学数学核心知识建构的教学研究	南京市金陵中学实验小学

续表

类别	申报人	课题名称	工作单位
教育部重点	庄惠芬	指向学科核心素养的数学单元学习群的实践研究	江苏省常州市武进区星河实验小学
	孙政	基于核心素养培育的数学思想方法渗透教学实践体系研究	江苏省淮阴师范学院第一附属小学
	江广建	农村留守儿童校园欺凌与自尊的关系及干预研究	泗洪县衡山路实验学校
	杨华俊	遵循自然：乡村幼儿园儿童生活课程建设研究	江苏省句容市下蜀镇中心幼儿园
教育部青年	杨现华	藏族地区青少年社会心态及培育策略	桑珠孜区第一中学
	孔令豪	免费师范生教师的职业生涯发展研究	九江第一中学
	和渊	普通高中生命教育“大健康”课程群的构建研究	中国人民大学附属中学
	张娜	培智学校基于孤独症儿童身心发展的分组课程实践	北京市健翔学校
	马莎莎	自闭症儿童社会交往障碍的表现及其教育策略研究	北京市健翔学校

表2–3　2019年度中小幼单位获得全教规立项一览表

类别	申报人	课题名称	工作单位
一般项目	丁杰	指向立德树人的区域教科研整体改革实践研究	苏州市教育科学研究院
	张德成	乡村经济振兴背景下中职学校复合型人才培养模式的构建研究	杭州市西湖职业高级中学
	汤雪峰	新中国成立70年小学数学教育发展史研究	江苏省扬州市汶河小学
西部项目	江长州	“援藏援疆万名教师支教计划”在西藏实施效果评价研究	西藏教育科学研究院
教育部重点	王玉玲	基于语料库的聋生汉语语法偏误分析及教学研究	北京市西城区教育学院
	陈丽华	中小学学业负担状况区域监测标准体系研究	武汉市教育科学研究院
	王立明	精准扶贫背景下生态移民区控辍保学问题实践研究——以甘肃省酒泉市为例	酒泉市教育局教研室

续表

类别	申报人	课题名称	工作单位
教育部重点	邓文琦	中小学非物质文化遗产教育传承的现状、困境与对策研究	聊城市教育局
	齐忠	基于人工智能的西南贫困地区教师教学能力精准提升的实践研究	贵州省贵阳市教育局
	叶树文	区域馆校课程的构建研究	成都市成华区教育局
	龚铭	新时代劳动教育背景下劳技中心DECIT课程体系的构建与实践研究	上海市黄浦区劳动技术教育中心
	王红霞	自闭症儿童融合教育生态支持系统建设的研究	北京市海淀区特殊教育研究与指导中心
	胡展航	基于集团化办学背景下的学校变革研究	广东番禺中学
	邹正	具有“中国心智”的国际化人才中学培养模式研究	南京外国语学校
	侯宗凯	新高考背景下普通高中普适性分层分类选课走班教学模式的研究与实践	山东省潍坊第一中学
	苏圣奎	基于创新人才培养的高中数学建模教学实践研究	福建省厦门第六中学
	彭拥军	大数据视野下高中生涯教育的实践与创新	昆明市官渡区第二中学
	冯志刚	高水平人才培养体系视野下大中学合作育人机制研究	上海市上海中学
	宋志飞	两岸合作开展中小学生手机沉迷干预实证研究	贵州省瓮安中学
	何美龙	普通高中生涯导师队伍建设机制的研究	上海市闵行中学
	赵玉泉	基于落实学生核心素养的高中化学课堂教学目标设计与实施的研究	北京市第八十中学
	申敬红	中华优秀传统文化教育的创新机制研究——基于校际联盟的实践	北京师范大学第二附属中学
	李荔萍	高中语文学科落实立德树人根本任务的策略研究	北京师范大学附属实验中学

续表

类别	申报人	课题名称	工作单位
教育部重点	董君武	从"思维广场"到学校整体因材施教的行动研究	上海市市西中学
	陈圳	高中学段经济学课程的国际比较研究	天津市实验中学
	白福宗	基于深度学习的高中数学概念教学研究	福建省厦门双十中学
	范胜武	以立德树人为目标的十二年一贯制学校电影课程开发与实践研究	北京市二十一世纪国际学校
	周方苗	共享发展理念下中部地区乡村"精准扶教"研究	长沙市芙蓉区育英学校〖BHDG5〗
	申承林	面向智障儿童的新课标教材本土化建构及其虚拟现实教学应用研究	广东省佛山市顺德区启智学校
	周华松	UbD·LBD：基于跨学科学习的STEMA课程开发与实施范式研究	杭州市保俶塔实验学校
	姚凤	发达地区公办小学劳动教育养成体系的实践研究	上海市闵行区七宝镇明强小学
	王树宏	基于协同学习的小学主题式跨学科课程整合研究	广东省深圳市盐田区乐群小学
	朱奉强	"童心悦读"课程体系构建与实施的研究	淄博市临淄区金茵小学
	许卫兵	指向整体建构的小学数学简约教学资源建设	江苏省海安市城南实验小学
	陈学群	儿童记录：儿童参与课程建设的途径研究	南京市第二幼儿园
	赵旭莹	园长课程领导力视角下自然探究课程构建的实践研究	北京市大兴区第七幼儿园
教育部青年	武迪	面向未来高阶能力和智能素养的中学跨学科人工智能课程体系建设与教学研究	中国人民大学附属中学

将近三年立项成功的项目遴选后，我按学校类别及立项趋势做了以下统计：

表2-4　立项成功项目数量统计表

年份	教科研部门	小学	幼特教	中学
2019	10	5	3	22
2020	14	8	4	13
2021	5	8	4	16

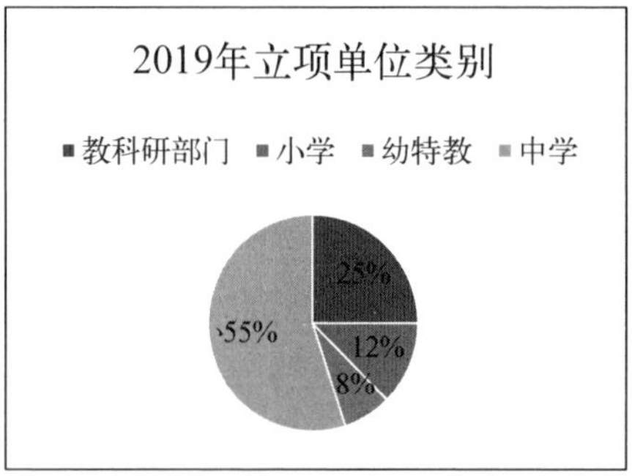

图2-2　2019年立项单位类别

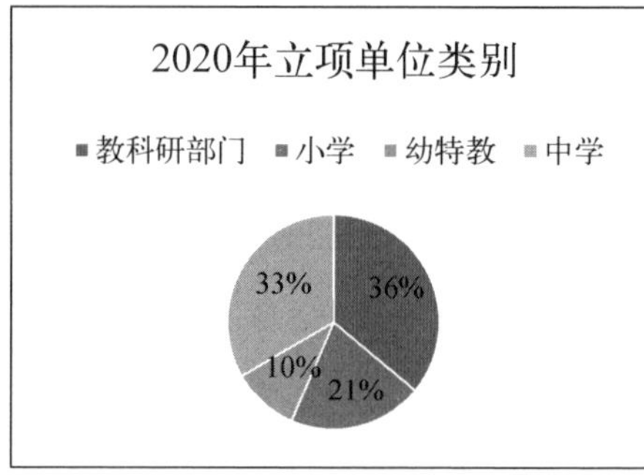

图2-3　2020年立项单位类别

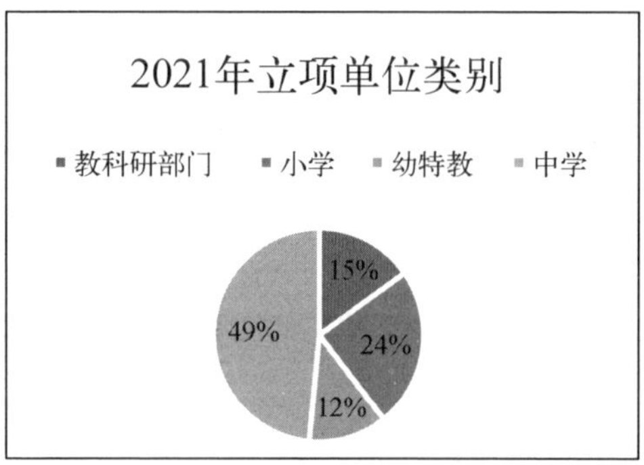

图2-4　2021年立项单位类别

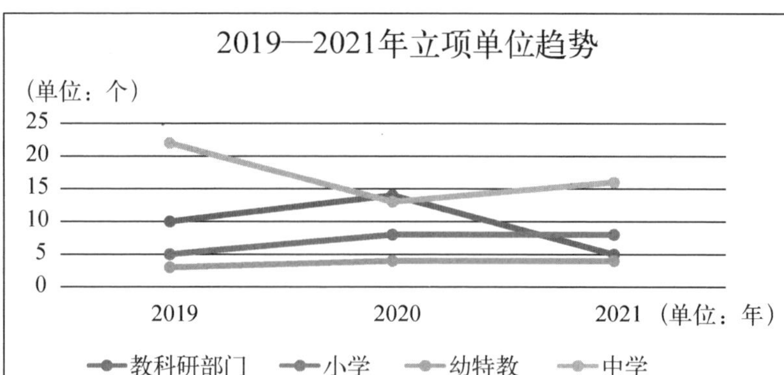

图2-5　2019—2021年立项单位趋势

（三）如何能够成功申报全教规项目？

2022年全国教育科学规划课题申报公告中要求：

申报全国教育科学规划课题，要体现鲜明的时代特征、问题导向和创新意识，着力推出代表正确方向、体现国家水准的研究成果。基础研究要密切跟踪国内外学术发展和学科建设前沿动态，着力推进学科体系、学术体系、话语体系创新，具有主体性、原创性和较高的学术思想价值；应用研究要立足党和国家事业发展需要，聚焦教育发展全局性、战略性和前瞻性重大理论和现实问题，具有现实性、针对性和较高的决策参考价值。①

结合申报要求，我想如果能够成功申报，必须要达到选题要好、论证要精这两点要求。如南京师范大学附属中学孙小红老师的项目选题为“新时代中学教师优秀特质及其培养途径研究”，符合了国家对教师教育重视的趋势，同时又具备了独特性，即关注到了中学教师群体。国家社科基金一般项目具有普遍性、宏大叙事的特点，如果我们的选题过于聚焦于学科，过于微观，能申报获批的可能性则会降低。2019年扬州市广陵区汶河小学的汤雪峰老师顺利获批“新中国成立70年小学数学教育发展史研究”项目，这个项目的选题就非常好，这一年学术界掀起70周年庆的梳理工作，这一选题非常好地契合了整体形势，因而顺利获批。

中观、微观的选题则可以申报教育部重点项目，如2021年获批项目中的“初中道德与法治教学融入‘四史’教育的行动研究”“指向深度学习的小学语文探究性阅读评测研究”“项目化学习视域下儿童问学课堂的理论与实践研究”“基于儿童发展的幼儿园课程平衡方法及其运用研究”“基于‘未来音乐创意学习中心’建设的实践与探索”，等等。这些选题指向学科教育教学，如果同时能够论证完善，立项的可能性是非常大的。所以我认为，选题是关键，题目要有新意有亮度，同时我们

① 全国教育科学规划领导小组办公室.2022年度全国教育科学规划课题申报公告[EB/OL].[2022-02-08].http://onsgep.moe.edu.cn/edoas2/website7/level3.jsp?id=1643008260070261.

也要注意，不同类型项目的选题也要有差异。

那么，如何做到论证要精呢？这个过程是我不断学习的过程。2020年，我第一次申报全教规一般项目，没有什么经验，但我抓住每一次学习的机会，如南大、南师大组织的课题培训会，我都会去学习学习，听课题评委们传经送宝。前前后后参加了多次培训后，我认真打磨修改了自己的本子。幸运的是，我第一次申报全教规项目就顺利获批。在本书撰写过程中，我一直在想如何分享自己的经验与做法，空谈的效果不佳，但将申报书作为案例是不是合适？后来我想到陶行知先生写的《“伪知识”阶级》一文中抨击“守知奴”的行为，我觉得知识是可以分享且应该分享的，目的是让更多的人学习和进步，所以我决定以个人的申报书为例来分析如何撰写本子。

1. 选题与组队

2020年我顺利获批的全教规一般项目题目为“教育智库建设的国际经验与中国路径研究”，申报学科分类为教育学中的“教育发展战略”，从选题与组别的契合度来说是非常高的，且选题宏大，符合国家社科基金立项项目的风格。在课题组人员方面，我选择了本校的专家与外校结合的形式，在这个方面仁者见仁智者见智，有些专家认为本校专家少的话，说明学校研究力量弱，不足以支撑课题推进；有些专家认为外校专家少的话，说明课题研究辐射度不够，组织不好队伍。在这一方面，我觉得还是要依据自己的判断。

2. 选题依据

选题依据主要需要我们论述国内外相关研究的学术史梳理及研究动态，以及本课题相对已有研究的独到学术价值和应用价值等。综述的难度不大，需要我们认真搜集前期成果，难的地方在于学术价值和应用价值的论述。我是这么回答这个问题的：

党和国家对中国特色新型智库建设密切关注，成为当前中国教育智库建设与发展的内在动力。如何加快教育智库建设并打造形成体系格局，产出一批高质量的研究成果，推动中国教育现代化、教育强国目标的实现，在当前不仅是重要的、必要的，也是非常紧迫的。

（一）国内外相关研究的学术史梳理及研究动态

1. 教育智库建设的理论研究

教育智库建设的理论研究涉及教育智库的内涵、标准、特征及指标，主要是回答“是什么”“为什么”“怎么样”的问题，为教育智库建设提供标准和依据。为探讨这一问题，《教育研究》特别在2015年组织了一批专稿。其中，庞丽娟认为，中国特色新型教育智库就是反映新的时代要求，必须具有“强烈的国家使命”“客观的研究立场”“专业的意识和精神”“开放的协同创新”四个基本特征（庞丽娟，2015）。周洪宇认为，中国特色新型教育智库要明确“全球视野”“中国特色”“专业能力”“实践导向”的发展定位，推进研究转型（周洪宇，2015）。田慧生认为，中国特色新型教育智库要合理借鉴国际教育智库发展的成功经验，充分发挥新型教育智库的思想库、智囊团、设计师和宣传队的作用（田慧生，2015）。张力认为，中国特色新型教育智库要关注政策分类和话语特征，从而提高服务质量和水平（张力，2015）。翟博认为，中国特色新型教育智库的方向和目标是提供更加优质高效的战略研判、政策支持、教育服务，促进教育事业决策科学化、民主化（翟博，2015）。在丛书方面，周洪宇主编的《教育智库与教育治理研究丛书》对教育智库的意义、价值等方面进行了全方面的阐述（周洪宇，2017）。

2. 教育智库建设的国际比较研究

教育智库建设是在比较中不断发展和完善的，因此很多学者围绕全球教育智库建设进行了比较研究。**联合国教科文组织下属教育智库是学界关注的一个重要方面**。周洪宇等介绍了联合国教科文组织的下设教育智库，认为其秉持的“人文关怀”将是全球教育价值取向的主导方向和世界各国教育政策制定的立足点（周洪宇等，2016）。赵春花介绍了联合国教科文组织下属的国家教育规划研究所，分析其发展特点（赵春花，2015）。**美国一直是智**

库重镇，**对其教育智库的研究也是学术界关注的最主要方面。**谷贤林等人认为美国教育智库具有意识形态倾向明显、不同类型并存以及独立性智库更有影响力的特点（谷贤林等，2014）。王保星研究了卡内基促进基金会，认为其发挥了教育智库的理论引导、方向指导、政策建议和决策咨询服务等职能（王保星，2014）。周洪宇等人分析了美国教育政策研究联盟（CPRE），认为其作为世界大学教育智库共同体的典范模式值得国内借鉴学习（周洪宇等，2017）。袁利平等人则对美国、澳大利亚、德国三国公民教育智库进行了对比（袁利平等，2018）。刘雅等人分析了美国研究生院联席会（CGS）和欧洲大学联盟（EUA）两个“基于证据”的代表性智库（刘雅等，2018）。蒋观丽等研究了美国布鲁金斯学会布朗教育政策研究中心（蒋观丽等，2019）。**欧洲教育智库是学术界另一个研究热点。**郭婧以伦敦大学教育学院为个案分析，认为它为世界各国政府部门、公共机构和国际组织等提供教育和社会发展方面的政策咨询（郭婧，2014）。袁本涛等人认为“高校—智库—政府”的核心动力机制模型推动了英国教育政策改革创新（袁本涛等，2017）。林昕介绍了欧洲教育经济专家网络（EENEE）及法国教育部教育规划与绩效评估局（DEPP）两家教育智库（林昕，2017）。**澳新等国的教育智库也被学界关注。**曾天山等人在2013年就考察了澳大利亚、新西兰两国的教育智库（曾天山等，2013）。王建梁等认为澳大利亚教育研究委员会具有服务水准专业化等四大特点（王建梁等，2014）。其他国家的教育智库也有学者予以了关注。吴轶介绍了日本国立教育政策研究所（吴轶，2017）。王建梁等引介了印度国家教育研究与培训委员会（NCERT）的情况（王建梁等，2018）。

3. 教育智库建设的策略研究

张力认为，教育智库建设应该精准锁定并不断开拓培育用户需求，提升教育智库服务的可靠性和有用性（张力，2015）。李清刚等认为，要保障咨政建言的研制质量才能推进参政的有效性（李清刚等，2017）。付卫东等人认为必须要实现教育智库差异化发展（付卫东等，2017）。周洪宇等以长江教育研究院的建设发展为案例，分析了智库的成长之路（周洪宇等，2016）。在地方教育智库建设方面，尹达认为地方教育智库建设要突出区域教育服务特色（尹达，2015）。刘国瑞等人提出要推进省级教育研究机构向智库转向（刘国瑞等，2014）。耿丹青等人认为要提高教育智库地位才能促进地方智库发展（耿丹青等，2017）。

4. 教育智库的评价研究

在教育智库评价方面，李清刚等人认为，新型教育智库的评估机制目的是保障高质量的政策文本（李清刚等，2016）。刘大伟认为，教育智库评价是促进教育智库建设发展的重要途径（刘大伟，2019）；因此根据德尔菲法与层次分析法研发了中国教育智库评价指标（刘大伟等，2019）。周洪宇等建立了中国教育智库评价体系（SFAI）分析模型，搭建中国教育智库评估平台，形成了中国教育智库的综合评价（周洪宇等，2019）。

我在搜集阅读完有关文献后，将综述分成了四块：教育智库建设的理论研究，教育智库建设的国际比较研究，教育智库建设的策略研究，教育智库的评价研究。这样一来，就使得综述看起来有逻辑性和层次性，从理论研究到国际比较，再到策略研究和评价研究，层层推进，使得综述不会显得那么杂乱无章。我在指导其他人做课题申报时发现，我们写综述的时候非常杂乱，有人甚至会依据搜集文献的先后或文献发表时间的先后来逐条论述，没有能够对所有文献进行条块划分，这样会让评委看起来非常费眼费神，效果很差。当然，综述的最后有些学者会做一些述评，即对现有的成果进行评判与分析，也有专家建议我增加一些述评，但由于申报书有7000字的篇幅限制，我已经做过两轮删改才达标，如果再增加述评，我还要删减其他部分内容，实在删改不了，索性就没有增加综述述评了。

在研究学术价值和应用价值方面，我们要深入思考，总结归纳，最好是能够分成三到四点，先归纳每一点，再以一两句话阐述价值意义。对于学术价值的归纳，我提炼了四点内容，分别是：（1）完善当前教育智库研究理论；（2）提炼“国家教育智库能力”概念；（3）丰富比较教育研究路径；（4）丰富教育学科研究体系。随后再对每一点进行简短论述，字数不要太多，但每一个字都要精炼有价值。在应用价值方面，我提炼了三点价值，分别是：（1）总结形成各类教育智库建设的经验、方法与模式，逐步在全国推广建设模式；（2）搭建中国教育智库评价系统数据库，搜集、整理、检索、研究国内教育智库的各类信息；（3）构建中国教育智库评价体系，通过对中国教育智库评价系统的数据分析，推出教育智库评价系列成果，通过以评促建，稳步推进教育智库高质量发展。三点应用价值部分我已经成功开展相关研究，有一定的前期成果，但撰写综述也要精炼概括。

研究价值往往是我们所有人觉得最难写的环节，对我来说同样如此。在论述学术价值的核心概念时，我借鉴了导师周洪宇教授提出的“教育强国能力指标”，进而提出了“国家教育智库能力”，并围绕这一概念阐释提出了四点学术价值。在应用价值方面，提出了实用、简单、易操作的三点价值。这七点价值看起来并不复杂，但花费了我大量时间反复思考研究斟酌，既要考虑逻辑体系，还要考虑适用性，所以我觉得研究价值这一点确实是一个写作难点。

3. 研究内容

研究内容包括课题的研究对象、总体框架、重点难点、主要目标等。

在研究对象上，我认为我的课题基于教育智库建设的国内外研究经验，所以研究对象应该是教育智库的建设主体、建设路径和建设效果。在建设主体上，我考虑要研究政府、高校、社会在智库建设中扮演的角色；在建设路径上，要对中国特色新型教育智库开展有益探索；在建设效果上，我认为要以教育智库评价为基础，开展典型建设，以评促建。

在总体框架上，我提出了要在基本理论问题、国际经验问题、中国路径问题和政策建议四个层面层层推进。基本理论问题是教育智库亟待解决的问题，包括如何能够顺利推进教育智库的建设、中国教育智库的内涵与西方教育智库有什么本质上的区别、中国教育智库如何能够在世界范围内获得话语权，这些问题是我们研究的逻辑起点。国际经验问题涉及比较教育问题，且智库是一个西方舶来品，还是涉及智库史的研究，这也是我们纵向研究与横向比较不可或缺的一部分。中国路径问题是本研究的核心点，其目的是通过数据库平台的建设，梳理研究国内先进教育智库的成功经验，并总结归纳出中国新型教育智库建设的中国模式、中国路径、中国风范，并加以推广。最后是成果产出，包括一些政策建议等等。这样的框架搭设得比较稳妥，既涵盖了研究的逻辑起点，也兼顾了纵向横向研究，再到解决问题产出成果，严格意义上来看是一个比较稳定的框架。

研究重点和难点一般也是我们写申报书时比较纠结的地方，很多时候会将重点、难点一把抓，混在一起。我想到南大李刚教授说过，研究难点本质上就是缺时间、缺钱、缺资源，所以我的难点就是信息不畅、缺少经费。当然在研究重点、难点这一段里，也有不同专家提出了修改意见，但我坚持我的重难点所在，未做修改，如下所示：

研究重点：教育智库是推进教育治理体系现代化的治理支撑。本研究的**重点在于阐释“国家教育智库能力”这一概念，并围绕这一概念展开教育智库的评价指标体系的建设、国际的先进经验与做法、中国特色新型教育智库的建设路径、教育治理体系与治理能力现代化中的智库作为**等几个方面的研究。

研究难点：**本课题的难点主要在于信息的搜集**。这其中既包括国际上一些主要教育智库的相关信息，也包括国内教育智库的各类成果、报告等信息。目前本课题的前期成果已经搜集到国内74家教育智库的基本信息，但还存在着信息不新、不全、不广的困难。此外，缺乏经费的支持也成了制约研究进一步推进的难点。

在主要目标上，我提出了理论研究要实现的目标和应用研究要实现的目标，要与上面提出的理论价值和应用价值相对应，包括对“国家教育智库能力”的阐述，对国际教育智库的比较研究，对教育智库评价平台的维护，对教育智库论坛的宣传与推广等等。既包括了理论研究，也包括了实践操作，对应了前面提出的目标。在目标撰写方面，我们一定要紧扣研究主题，不泛泛而谈。

4. 研究思路

研究思路主要包括课题研究的基本思路、具体研究方法、研究计划及其可行性等。

在研究思路上，我从研究总体框架着手，在深化理论研究、借鉴国际经验、探寻中国路径、突显政策建议四个方面入手，对四方面深入阐述。在思路层面，我建议我们可以画技术路线图进行辅助解释，通过技术路线图将我们的研究思路一览无余地呈现给评委。

在研究方法上，我的陈述比较简单，一句话带过：本研究主要采用文献研究法、比较研究法、调查研究法、计量分析法、个案研究法等研究方法，采取以问题为导向的跨学科研究。在数据库建设方面，结合自然科学研究方法共同推进。

在研究计划上，我们既可以用表格形式呈现，也可以文字形式呈现，只要将我们的研究进度充分呈现出来即可，即哪几个月做什么事等。

在研究的可行性分析上，我主要从人员构成、前期成果等方面对研究可行性进行了简单陈述，证明这个研究是可以推进实施的。

总体而言，在这个环节我们要能够思路清晰，明确我们是怎么推进研究的，尤其是技术路线图的设计，要能够让评委们一下子明白你的想法与思路，所以我认为技术路线图的设计是本环节的中心，既可以画平面的技术路线图，甚至还可以画立体的技术路线图，简单明了。

5. 创新之处

创新之处强调在学术思想、学术观点、研究方法等方面的特色和创新。学术思想的创新往往是最难的，这需要我们大量阅读前人的研究成果，进而“站在前人肩膀上”提炼出符合自己的思想。所以我借鉴了导师的“教育强国能力”这一概念，再结合“智库是国家软实力”的象征，进而提出“国家教育智库能力”的概念，并充分阐述其价值意义。如果我们中小幼老师撰写创新点，也要大量在知网搜集材料，那一定是前人没有涉猎或涉猎不全面的领域，这样才能说是创新。我在大学指导本科生、研究生写毕业论文时，我的学生们提交的论文常常是他们以为创新了，实际上一查阅文献就会发现已经有很多人做过相应的研究。当然做过不代表不能接着做，我们可以更深入地去做，深入也是一种创新。在方法创新上，我们可以借鉴跨学科的思维，以不同视角去看问题，这也是一种创新。

6. 预期成果

预期成果包括成果形式、使用去向及预期社会效益等。我的成果形式是专著与论文。国家社科基金要求的论文一般是3篇C刊，1本专著。使用去向我填报的是：打造国内教育智库的权威年度报告系列，并借助系列报告的发布持续推动“中国教育智库建设论坛”（已于2019年举办首届）举办，同时借助系列报告的英文版发布，与国际顶级智库建立交流平台。

预期成果上我们尽可能不要对自己要求太高。我曾见过有人填报5—6篇C刊的，他表示希望通过给自己压力来激励自己做研究。但现在C刊发文难度极大，一旦申报获批，会终日被6篇C刊发表的事烦恼不已。我认为预期成果要量力而为，根据自己的能力填写，这样结项时也不会太为难。

7. 参考文献

参考文献一般列10—12项即可，可增加2—4条英文文献，注意格式书写要按照标准来，举几个例子：

［1］上海社会科学研究院智库研究中心.中国智库报告影响力评价与政策建议（2013—2017）［M］.上海:上海社会科学院出版社,2018.

［2］ 朱旭峰.改革开放与当代中国智库［M］.北京:中国人民大学出版社,2018.

［3］〖JP2〗RICH A.U.S.Think Tanks and the Intersection of Ideology, Advocacy, and Influence［J］. NIRA Review, Winter 2001：54.

［4］ WEIDENBAUM M.Competition of Ideas［M］. New Jersey: Transaction Publishers, 2011.

8. 研究基础与条件保障

这部分主要由负责人学术简历、研究基础、承担项目、与已承担项目和博士论文的关系、条件保障等部分组成。个人简历需要将我们的情况，特别是与课题相关的情况介绍清楚，字数不要太多，200—300字即可。研究基础是我们的前期成果，在这里我将我的研究基础分为两类，一类是理论研究成果，包括发表的论文、专著等等，还有一类是活动成果，包括我策划的几项大活动、活动的影响力等。承担项目上将我们以往担任主持人的项目罗列即可。条件保障方面需要强调我们的团队成员、时间保障、资料保障等等。

至于经费预算等细节我们根据《国家社会科学基金项目资金管理办法》填报即可。

二、如何申报教育部人文社科基金、江苏省社科基金和南京市社科基金?

我查阅了近几年这三个项目的立项结果，发现这些项目并不直接面向中小幼教师申报，考虑到本书写作的初衷，我并不打算展开论述。但这几个项目也是当前项目申报体系中非常重要的项目，恰好我都顺利获批并结项，所以在本书中做个简单的介绍。

（一）教育部人文社科基金

教育部人文社科基金申报要求“基础研究要密切跟踪国内外学术研究前沿和学科建设需要，体现具有原创性、开拓性的学术创新价值，深入阐发中国奇迹背后的道理学理哲理，着力推进中国特色哲学社会科学学科体系学术体系话语体系建设。应用研究要立足党和国家事业发展需求，围绕推进党中央重大决策部署特别是党的十九届五中全会作出的关系全局、事关长远重大战略和重大举措，聚焦全局性、战略性和前瞻性的重大理论与现实问题，体现具有针对性、实效性的决策参考价值。”[①]这一项目基金年均立项2000项左右，分为规划基金项目、青年基金项目、自筹经费项目、专项任务项目等类型，不设立指南，由申报者根据研究兴趣自行申报。2014年，我首次申报项目即顺利获批，最终结项时还获得了免鉴定的评价，所以这一项目对我而言具有很重要的意义。2021年，我以第一参与人的身份协助课题组成员再次获批这一项目。

这两个项目能够顺利获批，我个人认为选题还是很关键的。以我主持的“民国教育家办学活动的外在因素研究——基于社会资本理论的分析视角”项目为例，我在论证中强调，我们一直关注于教育家在办学活动中学校的内在因素，如学校文化、内涵发展等等，忽视了外在因素的价值与作用，教育家或者校长们对外联系争取资源的过程往往不会被提及。所以本课题借鉴布尔迪厄的社会资本理论作为研究起始点，对包括陶行知、张伯苓、沈祖荣等多个在民国时期办学效果显著的校长们进行分析，找寻他们共同的办学规律，总结社会资本理论在实践中的作用和

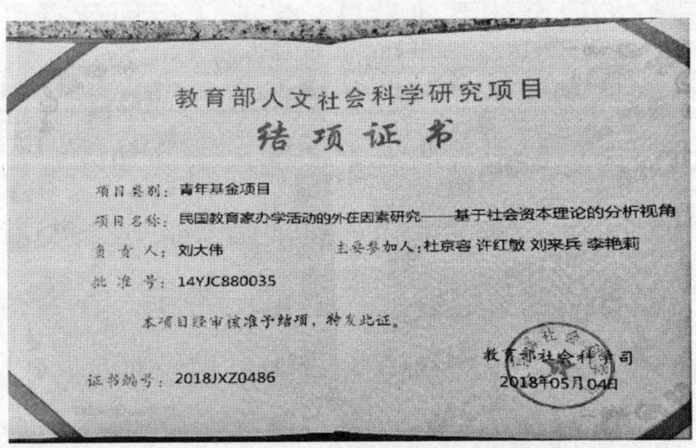
教育部人文社会科学研究项目

结项证书

项目类别：青年基金项目

项目名称：民国教育家办学活动的外在因素研究——基于社会资本理论的分析视角

负责人：刘大伟　　主要参加人：杜京容 许红敏 刘来兵 李艳莉

批准号：14YJC880035

本项目经审核准予结项，特发此证。

证书编号：2018JXZ0486　　教育部社会科学司　2018年05月04日

图2-6　教育部人文社会科学研究项目结项证书

① 教育部社会科学司．教育部社科司关于2021年度教育部人文社会科学研究一般项目申报工作的通知：教社科司函〔2021〕6号［EB/OL］．［2021-01-25］.http://www.moe.gov.cn/s78/A13/tongzhi/202101/t20210125_511034.html.

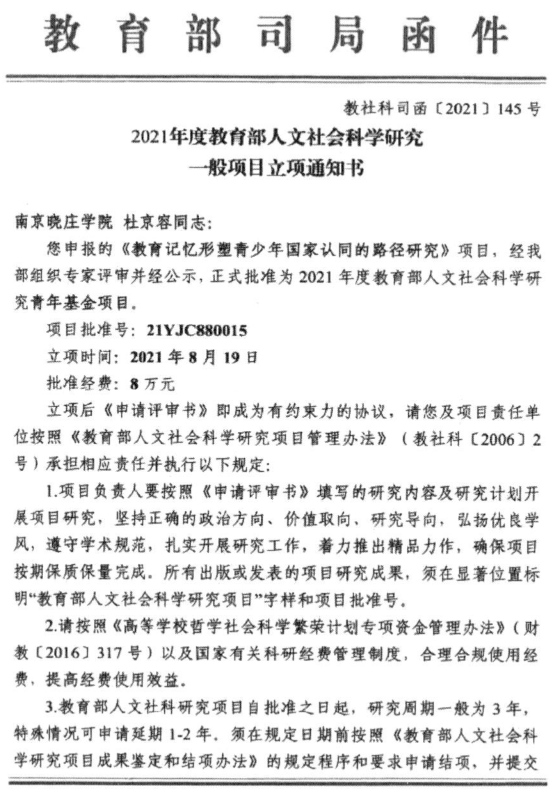

教育部司局函件

教社科司函〔2021〕145号

2021年度教育部人文社会科学研究
一般项目立项通知书

南京晓庄学院 杜京容同志：

您申报的《教育记忆形塑青少年国家认同的路径研究》项目，经我部组织专家评审并经公示，正式批准为2021年度教育部人文社会科学研究青年基金项目。

项目批准号：21YJC880015

立项时间：2021年8月19日

批准经费：8万元

立项后《申请评审书》即成为有约束力的协议，请您及项目责任单位按照《教育部人文社会科学研究项目管理办法》（教社科〔2006〕2号）承担相应责任并执行以下规定：

1.项目负责人要按照《申请评审书》填写的研究内容及研究计划开展项目研究，坚持正确的政治方向、价值取向、研究导向，弘扬优良学风，遵守学术规范，扎实开展研究工作，着力推出精品力作，确保项目按期保质保量完成。所有出版或发表的项目研究成果，须在显著位置标明"教育部人文社会科学研究项目"字样和项目批准号。

2.请按照《高等学校哲学社会科学繁荣计划专项资金管理办法》（财教〔2016〕317号）以及国家有关科研经费管理制度，合理合规使用经费，提高经费使用效益。

3.教育部人文社科研究项目自批准之日起，研究周期一般为3年，特殊情况可申请延期1-2年。须在规定日期前按照《教育部人文社会科学研究项目成果鉴定和结项办法》的规定程序和要求申请结项，并提交

图2-7 2021年度教育部人文社会科学研究一般项目立项通知书

价值。这一项目最终发文10多篇，出版专著1部，获得免于鉴定的殊荣。

2021年我们项目组再次申报并获批教育部人文社科青年基金项目"教育记忆形塑青少年国家认同的路径研究"，这一项目是我们课题组在教育记忆研究的基础上不断推进的又一成果。上文我曾说过，我们已经实现了教育记忆研究的体系化建设，包括论文、专著、译著、区域推进、高峰论坛等，就差一个课题引领，此次这一课题顺利获批，标志着我们的研究体系建设日趋完善，后面就有可能冲击国家社科基金重点项目或重大项目。目前，这一教育部课题我们已经顺利推出专著两部，尽可能向免鉴定方向努力。这一课题能够顺利获批的原因除去论证精密以外，我个人觉得选题还是非常契合国家需求与趋势的，尤其是当下香港的教育问题引起了社会的广泛关注，青少年的国家认同、身份认同如何建构，需要我们教育者不断反思。所以，以教育记忆为方法建构青少年国家认同，不仅是重要的、必要的，也是可行的。事实上，该项目主持人并非教师序列的中级职称、硕士学历，这些都是项目评审中的不利因素，但凭借好的选题和完善的论证，该项目最终成功获得立项。

（二）江苏省社科基金

江苏省社科基金要求“要体现鲜明的时代特征、问题导向和创新意识，着力推出高质量、有价值的研究成果。基础研究要密切跟踪国内外学术发展和学科建设的前沿和动态，着力推进学科体系、学术体系、话语体系创新，具有主体性、原创性和较高的学术思想价值；应用研究要立足党和国家事业发展需要，重点关注江苏经济社会发展的重大理论和实践问题，具有现实性、针对性和较强的决策参考价值。”[①]省社科基金申报获批难度较大，2021年立项377项，申报2695项，立项率为13.99%；2020年立项333项，申报2756项，立项率为12.08%；2019年立项率也为12.08%。项目申报有课题指南，申报者要围绕课题指南进行申报。我在申报之前研究了一下每年的立项趋势，教育学项目年均立项10项左右，所以2016年我选择跨学科从党史党建类入手，顺利获批省社科基金并结项。

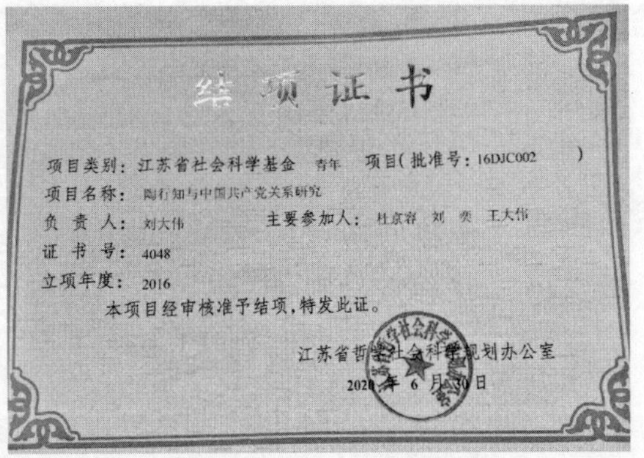

结项证书

项目类别：江苏省社会科学基金 青年 项目（批准号：16DJC002 ）

项目名称：陶行知与中国共产党关系研究

负 责 人：刘大伟 主要参加人：杜京容 刘 奕 王大伟

证 书 号：4048

立项年度：2016

本项目经审核准予结项，特发此证。

江苏省哲学社会科学规划办公室

2020年6月30日

图2-8 江苏省社会科学基金项目结项证书

（三）南京市社科基金

南京市社科基金要求能够紧扣市第十五次党代会目标任务，侧重南京发展道路和发展战略研究或者南京经济社会发展进程中亟须解决的热点难点问题研究，项目主要以宏观研究为主，设有选题指南，要依据指南来设定选题，重大、重点和一般项目分别资助15万元、8万元、5万元。2020年我根据申报要求顺利立项“南京市学前教育财政投入绩效评价研究”，目前尚在研究进程中。

① 江苏省哲学社会科学规划办公室.2022年度江苏省社科基金项目申报公告.[EB/OL].[2022-04-12].http://jspopss.jschina.com.cn/23790/202204/t20220412_7500541.shtml.

三、如何写好江苏省教育科学规划项目申报材料?

江苏省教育科学规划课题结题证书
Certificate
for Undertaking and Completing Jiangsu Education Research Task

课题名称：《江苏农村校车问题研究——以义务教育学校布局调整为背景》
课题编号：B-a/2015/01/049
课题类别：重点资助
课题主持人：刘大伟
课题组核心成员：
课题完成时间：2021年4月30日

江苏省教育科学规划领导小组办公室

图2-9　江苏省教育科学规划课题结题证书

江苏省教育科学规划项目分为重大课题、高教重点、普教重点、职教重点、幼特教重点、高教立项、普教立项、职教立项、幼特教立项、青年专项、初中专项、乡村教师专项、体卫艺专项、考试专项、学生资助、叶圣陶教育思想研究专项、陶行知教育思想研究专项、中小学教师发展专项、基础教育高质量发展战略性课题、江苏省教育科研特色项目研究所专项、苏教名家专项等序列，我们可以根据自己的选题寻找适合自己的申报序列。

下面以我个人申报获批的江苏省“十二五”教育科学规划课题重点资助项目“江苏农村校车问题研究——以义务教育学校布局调整为背景”来分析如何写出一个合格的申报书。

（一）选题缘起

2015年前后，由于义务教育布局调整而引发的上学难问题，让校车问题成为教育界普遍关注的话题，特别是多地发生校车事故之后，一时间让校车成为舆论热点。对于这一话题的关注，就我个人而言最早可追溯到2012年读博士期间，那时我跟随导师周洪宇教授提出《关于实施全国校车安全工程的议案》，期间我也撰写了数篇关于校车研究的论文，如2012年第11期、2014年第5期相继在CSSCI扩展版及核心期刊《教育科学研究》〖JP2〗上发表过《农村校车问题调查研究——以湖北省G县为例》《碎片化与整体性校车管理的失范与治理——基于整体性政府治理模式的分析》等文，为选题申报打下了研究基础。为此，我结合前期研究成果、学术界研究热点等因素，决定以“江苏农村校车问题研究——

以义务教育学校布局调整为背景”来申报江苏省教育科学规划课题。

（二）课题的核心概念及其界定

课题核心概念及其界定是评委们对这个课题最直观的感受，要言简意赅，将核心要义精炼出来。我根据前期研究成果，归纳了以下的核心概念要义。

校车问题产生的根本原因在于：以人为本的教育普及化与政府推行的以城镇化为手段的人口集中化产生了很大的矛盾，这样的背景下产生了农村学校布局调整，但却忽略了部分农村儿童入学需求。借鉴社会学的田野调查的方式，研判当下以城镇化为目标的农村义务教育布局调整是否合理，同时为校车的治理提供政策制定的标准机制，政策执行的协调机制、信任机制、承诺机制和监控机制。

课题以江苏为例，取苏南、苏中、苏北各一市为调查样本，分析校车供给需求矛盾，寻求整体性政府视角下统筹解决校车问题的方法。**校车问题并不是一个简单的教育问题，而是社会发展过程中特别是城镇化过程中必须要面对的一个关键问题，是体现教育以人为本的根本保障，为了实现农村儿童的就学难问题，各级各类政府就必须要从一个整体性角度出发，统筹整合校车管理发展工作，实现以人为本的教育发展根本方针战略。**

（三）综述撰写：国内外同一研究领域现状与研究的价值

研究综述撰写方法与我在之前列举的全教规撰写方法是一样的。可以将综述归纳一下分为当前研究的几个层面，再就各层面的研究展开论述。我在这里想强调的是，我们在梳理文献综述的时候很有可能一下子搜索出成千上万条信息，我们还需要能够对信息进行有效遴选。如何遴选呢？我将这几年指导学生做毕业论文的方法写出来与各位分享。

近年来，我指导本科生、硕士生做毕业论文，因我考虑到学生在未来要做教师，所以选题都聚焦在一线课堂教学层面，特别是群文阅读教学方面。在做文献综述的时候学生们都来问我，究竟哪些文献可以写进综述？怎么取舍？尤其是群文阅读教学，搜索关键词出现高达几千条文

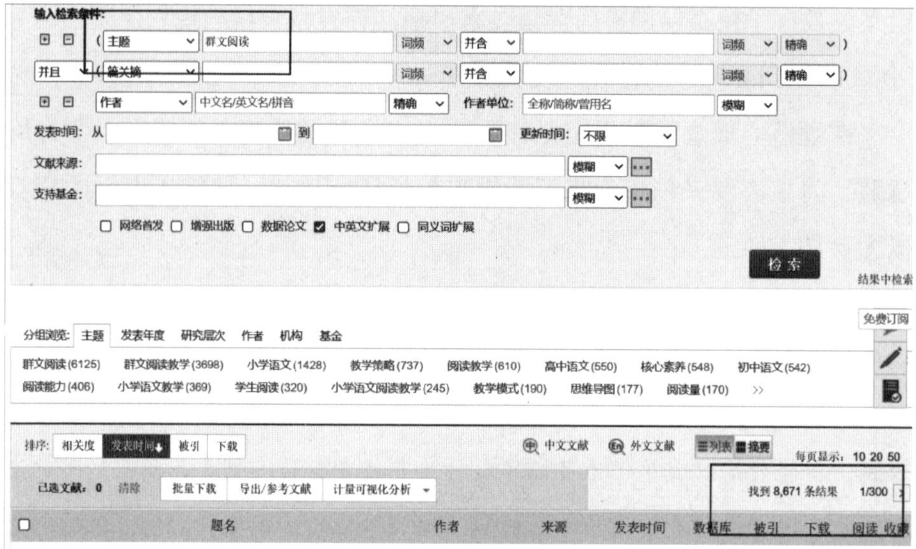

图2-10　在“主题”中检索关键词“群文阅读”
（与图9检索时间不同）

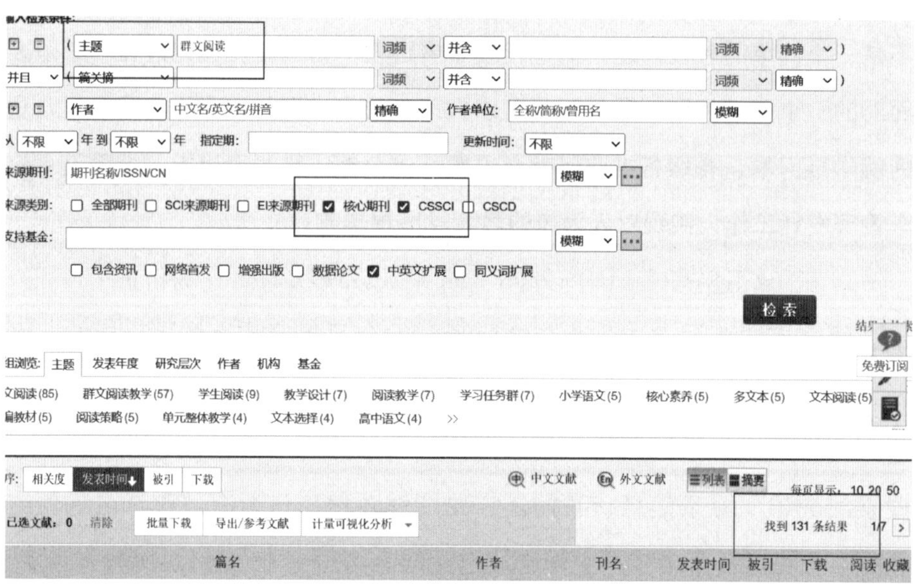

图2-11　按“核心期刊”“CSSCI”进行筛选

献。为此，我给学生们提了一个简单的要求，一是C刊、C扩或核心期刊的，尽量阅读搜集整理，二是高被引的文献也要搜集整理。以“群文阅读”为关键词，知网搜索后高达8671条文献（与前文搜索时间不同）。

那么再根据我刚才说的搜索方法，我们从核心、C刊等期刊入手，将一些高质量的论文遴选出来，那么这时候我们看到仅有130多篇文献了。我们可以阅读文献后根据内容将其分为若干类型。

最后我们再查阅一下高被引文献，看看是否有遗漏，再根据需要补充进综述。如图2-12所示，我与蒋军晶合作的一篇文章刊发在《南京晓庄学院学报》上，并非核心期刊，但被引数有249次，那么也属于这一领域的重要文献。通过以上几步，我们基本上就能将这一领域重要的文献搜索出来了。那么，我们的综述可以先依据高被引文献划分类型，因为高被引说明学术界是高度认可这些论文的。然后我们再根据检索到的130多篇核心及以上期刊进行补充，这130多篇并不需要全部写入综述，挑选一些加入分类即可。

简单讲完综述搜集、归纳整理之后，还是回到我们的这个课题选题

已选文献：0 清除 批量下载 导出/参考文献 计量可视化分析 找到 8,671 条结果

	题名	作者	来源	发表时间	数据库	被引	下载
1	群文阅读：从形式变化到理念变革	于泽元; 王雁玲; 黄利梅	中国教育学刊	2013-06-05	期刊	724	13099
2	语文核心素养视野中的群文阅读	倪文锦	课程.教材.教法	2017-06-01	期刊	526	16904
3	语文课上更重要的事——关于单篇到“群文”的新思考	蒋军晶;	人民教育	2012-06-18	期刊	363	6562
4	群文阅读教学：概念、价值及实践路径	刘大伟; 蒋军晶	南京晓庄学院学报	2016-01-20	期刊	249	6100
5	群文阅读：由链接而群聚，因秘响而旁通	潘庆玉	语文建设	2018-01-01	期刊	197	5020
6	群文阅读教学中的“议题”：思考与建议	王雁玲; 任培; 黄利梅	教育科学论坛	2015-05-20	期刊	169	3085
7	小学语文群文阅读教学策略研究	李开忠	学周刊	2014-01-15	期刊	169	4887
8	群文阅读实践概述	王翊; 李爽	上海教育科研	2015-04-15	期刊	166	5348
9	群文阅读教学：概念、范式与价值	张萍	上海教育科研	2016-04-15	期刊	160	4799
10	关于“群文阅读”教学的一些冷思考	李祖文	语文教学通讯	2015-01-15	期刊	147	2887

图2-12 群文阅读方面的高被引文献

来，我将国内外相关研究搜集归类后写出了综述，选取一段为例：

简而言之，校车问题在国外受到关注更早且更系统，而国内有关校车问题的研究直到2005年左右才引起学界的重视。目前国内校车研究较多关注在校车立法与管理、校车的财政支持、校车与农村义务教育布局调整等几个方面。

在立法及管理方面，丁芝华（2010,2013）相继发表了多篇文章探讨校车立法问题，从与美国校车立法的对比及当下中国校车立法的重要性问题入手，分析了中国校车发展过程中立法的重要地位。李满贺（2005）则从校车管理角度出发，提出了确保校车来源及加强管理的方法。**在校车财政投入方面**，周廷勇（2010）的课题组通过在北京的实证调查指出，学校、家长作为校车财政的主投入方显然是无法满足当下校车发展需求的。耿益群（2010）认为，要从法国的公共交通体系和社会福利中借鉴政府在校车财政中的投入作用。雷万鹏（2011）等人认为我国校车缺乏政府投入，导致校车存在较大的安全隐患。因而，周洪宇（2011）呼吁实施“全国校车安全工程”，加强校车安全测试，创造校车安全运行的社会环境。此外，**在农村义务教育布局调整的过程中，学者开始逐步关注到校车在其中的重要作用**。范先佐（2008，2009）、庞丽娟（2006）等人在对农村义务教育布局调整问题研究后指出，农村教育资源的缺失导致了农村孩子辍学率和失学率不断上升，因而布局调整的过程中充分利用校车资源才能够更好调配学校布局。有鉴于此，雷万鹏（2011）、袁桂林（2012）等人撰文强调，推行校车制度是政府在农村教育布局调整中对农村受教育群体的一种补偿，故而在义务教育均衡化过程中，应加大力度发展校车。

在综合上述的前期研究的基础上，**本研究拟通过大量的实证调查研究，解决当下江苏农村教育中存在的一组矛盾，即农村儿童上学相对困难与校车供给不足之间的矛盾。本研究拟深入调研江苏广大农村儿童特别是留守儿童在就学过程中对于校车的需求程度，从而为政府决策提供有效的依据。**

研究价值依然分为理论价值与现实价值两类，我们尽可能各归纳出两点为好，我是这么整理归纳的：

理论意义：

第一，本课题研究拟从社会人类学的角度作为突破口，通过田野调查，**从社会与文化发展的过程中以农村入学儿童这一人群为观照，探讨社会发展对农村社会格局变化、人口进程的影响**，从而进一步扩大社会人类学的研究领域，充实社会人类学研究的内涵。

第二，本课题研究将进一步丰富公共产品研究。**校车需求问题并不是简单的交通问题，而是折射出农村教育资源的匮乏和公共服务的缺失也是一种以人为本教育理念的缺失**。以公共产品理论对校车进行明确定性，可以进一步丰富完善政府对公共产品研究的成果。

现实意义：

第一，开始于21世纪初期的义务教育布局调整一度解决了农村学校布局分散、规模小的问题，但这一过程中出现的盲目“一刀切”现象，导致撤并学校过多，学校服务网点收缩过大，增加了学生求学成本，损害了部分群众利益，间接促使了一些辍学现象的发生。**本研究着眼于现实需求，从江苏农村儿童就学角度出发，通过实证调研分析，合理规划校车规模及路线，以期能够实现义务教育均衡化最优化**。

第二，本研究成果可以对政府决策部门起到借鉴意义，**为政府政策法规制度等顶层制度的设计起到智囊的作用**。特别是为当下城镇化发展过程中，如何考量农村适龄人口就学提供基础样本。

撰写本书时，我回看这一阶段的申报书发现，显然没有后来写得精益求精。当时在理论意义上归纳出扩大社会人类学研究领域和公共产品研究两点理论意义，在现实意义上考虑到义务教育均衡化发展及政策建议，从现在的水平来看，还有更大的提升空间。

（四）研究目标、内容和重点

我在撰写这部分内容时将研究目标设定为“本研究拟通过田野调查，发现江苏农村儿童与校车供给之间的矛盾，从而为政府解决这一矛盾提供理论与数据依据”，将研究内容设定为“本课题研究拟将农村儿童就学过程中对校车的需求问题作为研究对象，通过在江苏农村的实地调研，分析农村义务教育布局调整后对适学人口的影响（如辍学、上学危险系数增加、迟到等），以及这一过程中政府及社会该如何保证入学儿童能够方便快捷的就学，从而在人口与社会发展、政府责任等角度做一些有意义的探索”。

我们的研究目标本质上是体现通过我们的研究能实现什么，是针对我们的问题或者说我们的研究假设而言的。比如我们假设通过作业设计能够对课堂教学实现提质增效，那我们的目标就是来证明这个假设是正确的，而研究内容则是证实过程中的每一个分解点。研究目标的撰写一定要具体化，不能空泛，比如从理论上要达到什么目标、实践上要实现什么目标。

在研究重点上，我认为本项目的重点在于借鉴社会人类学的主要思想，从城镇化建设过程中引发的一系列入学问题着手，分析教育与社会发展之间的关联性，从而提出并构建校车发展及管理的框架。

四、如何开题与结题?

一旦项目获批之后，就会被要求开题。当然也不是所有项目都会有开题环节，比如我主持的教育部人文社科基金项目和江苏省社科基金项目，就没有开题这个环节。全国教育科学规划课题有这个环节，并且要求很快开题，开题后需将有关材料寄送到全教规办公室。

开题是要求我们主持课题的人将课题的基本情况向有关专家学者汇报陈述，听取他们的意见或建议。汇报的部分主要包括选题缘由、价值意义、国内外研究现状、研究目标、研究内容、研究方法、研究过程、研究创新点等等，这些内容基本上已经包括在申报书中了。当然，开题最重要的是我们向与会的专家汇报后听取专家的意见和建议，补充我们的下一步研究工作，开题是将我们的研究从申报书转换为实际操作的重要一环。

在顺利完成开题工作之后，我们需要根据申报书成果产出要求，撰写如论文、专著、研究报告等，根据我们申报书中陈述的承诺做到的成果来填写结题报告书。一般结题报告书要求我们填写项目研究计划的执行情况、主要研究成果的基本内容、创新性及其转化应用、社会影响、所取得的成绩和存在的问题等。我们只要依据研究过程中的情况如实填报即可。

第三章　如何写出专著?

当我们的教科研经验积累到一定阶段，形成了特定的教育思想与主张的情况下，我们可以考虑写一部专著出来，因为这个过程既可以帮助我们梳理我们的教育思想或主张，也可以不断深化我们的教育实践。

一、如何定好选题?

专著的写作跟论文还是有明显差异的。专著是一个长时段思考后的思想产出，所以选题的确定是在持续研究成果的基础上形成的。我以南京市北京东路小学孙双金校长的《情智教育：我的教育主张》为例，这本书从构思到出版共计12年时间。孙双金校长在情智教育的缘起中谈到，他从“含爱生情怀，有教育智慧”中的一“情”一“智”入手，提炼出了情智教育主张，从教育主张再构建出情智教育的整体构想，包括情智课程、情智教学、情智管理、情智校园、情智队伍。这十余年来，他围绕情智教育发表了一系列的文章。

从语文学科到学校文化，从教学主张到教育主张，我们可以发现，这本书的出版是长时段持续性工作的最终的智慧体现。同样，我们如果想写出一本专著，也需要经历一个长时段的思考与整理，才能定好选题方向。

二、如何完成写作?

首先要明确好我们的基本写作框架。从绪论到章节设计再到结语，我们要能够做好规划与设想。绪论部分我们主要阐述选题缘由、研究价值与意义、创新点、研究方法等等。当然这是一种非常规范的写作方法，即从问题意识出发来书写，一般以博士论文为框架出版的图书都是

	我和情智语文	孙双金	中国教师	2016-09-15	期刊	4	151	HTML
	发现教师：揭开学校发展的密码	孙双金	人民教育	2016-07-03	期刊	10	202	HTML
	用卓越成就卓越	孙双金	江苏教育	2016-03-03	期刊		108	
	大气洒脱 情智共生——我的教学风格与课堂文化追求	孙双金；曹海永	小学教学研究	2016-01-15	期刊	2	160	
	情智，在童心中飞扬——“儿童诗”教学实录及评析	孙双金；成尚荣	小学语文教学	2015-11-18	期刊	3	183	HTML
0	情智课程的建构与实践	孙双金	2014年江苏省中小学课程规划与实施现场观摩研讨活动论文集	2014-12-18	中国会议	3	134	HTML
1	国学经典：小学生怎么读	孙双金；崔兴君	小学教学设计	2013-01-01	期刊	4	233	HTML
2	情智教育：我的办学主张与追求	孙双金	江苏教育	2012-08-15	期刊	14	378	
3	情智语文：我的教学主张	孙双金	江苏教育研究	2011-04-25	期刊	9	631	HTML
4	情智语文：贴近大地的行走	孙双金	江苏教育	2010-08-05	期刊	7	267	HTML
5	成功，就是多读一本书——写在世界阅读日来临之际	孙双金；	人民教育	2010-04-18	期刊		263	HTML
6	情智语文的追求	孙双金	基础教育参考	2010-03-18	期刊	8	180	HTML
7	万类霜天竞自由——南京市北京东路小学教师队伍成长的实践与思考	孙双金	江苏教育研究	2010-03-15	期刊		177	HTML
8	追寻心心相印、情智共生的境界	孙双金	江苏教育	2008-02-05	期刊		216	HTML
9	情智语文理论与实践的研究（下）	孙双金；	小学教学参考	2007-04-05	期刊	3	211	
0	情智语文理论与实践的研究（中）	孙双金；	小学教学参考	2007-03-05	期刊	3	213	HTML

题名	作者	来源	发表时间	数据库
情智共生 和谐发展——关于情智语文的初步解读	孙双金	江苏教育	2007-02-20	期刊
情智语文理论与实践的研究（上）	孙双金；	小学教学参考	2007-02-05	期刊
“情智语文”理论与实践的研究	孙双金；	语文教学通讯	2006-12-01	期刊
让情智的阳光充盈师生的心灵	萧玲；孙双金；	江苏教育	2006-02-20	期刊
情智语文——我的教学主张	孙双金；	江苏教育	2006-01-20	期刊
情智语文——我的教学主张	孙双金；	小学青年教师（语文版）	2006-01-01	期刊
情感管理的思考与实践	孙双金	人民教育	2004-11-18	期刊

图3-1　孙双金发表的情智教育相关文章

这种写作方法。但对于我们中小幼教师而言也可以不必这样复杂，因为上述的内容基本又回到了前面所说的课题申报、开题的内容上。

章节设计上我们要显示出逻辑性和层次性，如孙双金校长的《情智教育：我的教育主张》一书一共八章，依次为“情智教育的思考”“情智课程的建构”“情智教学的实践”“情智语文的课程观”“情智语文的好课观”“情智管理的实践”“情智校园的营造”“情智队伍的建设”。我们可以观察出，他是从总论到课程建构，再到教学实践，再谈到他的学科教学，然后到教育管理和教师队伍发展，涵盖了教育教学的全部层面，是一个非常完善的框架体系。再如我们刚刚完稿提交武汉大学出版社的《雨花记忆：区域德育课程体系的实践探索与建构路径》一书，其框架为“绪论”“以学校记忆为内核的区域实践理路”“物型课程记忆：雨花文化记忆的具象载体”“仪式课程记忆：雨花文化记忆的活动载体”“功能课程记忆：雨花文化记忆的创造载体”“结语”六个章节，逻辑上较为完善。

其次是写作过程。写作的时候我建议可以将每一个章节当成一篇完整的论文来写，这样一是可以将其单独发表，二是可以作为整本书的一个环节，可以高效率使用我们的智力产出。我在撰写博士论文的时候就将各章节拿出来相继发表过，修改后再放入博士论文当中，最终博士论文在中国社会科学出版社出版。如果我们将章节分解为一篇篇论文，那么写作方式方法就参考上述的论文写作方法即可。

当然，在写作过程中我们也可以组队完成，这就是合著；也可以选择将自己的一些文稿汇总成书，这就是编著；或者将团队的文稿组成一本书，那就是主编。形式可以多样，这完全取决于我们写这本书的最初想法。如我在2020年组织我的学生们和我一起完成的《群文阅读教学的理论与实践》一书，就采用编著形式。在这本书中，我邀请我的学生们一起参加，并请学生贾敏出任副主编，既锻炼了队伍，又让每位同学的成果得到充分的展示，对于他们的专业发展也有很大的好处。

三、如何出版?

书稿完成之后，我们需要找到合适的出版社出版图书。我们教师可以选择一些教育类的出版社，如人民教育出版社、教育科学出版社；或者师范类大学出版社，如北京师范大学出版社、华中师范大学出版社；也可以选择地方出版社，如江苏凤凰教育出版社、南京出版社。当然这是一个双向选择的过程，出版社也要审核我们的书稿质量。一般流程是我们与出版社责编取得联系后，将书稿递交审阅，他们报批选题，获批后签合同，审校直至出版。这个过程在时间上有很大差异，有时候半年左右，也有可能一两年，所以图书出版一定要尽早规划，像我与导师周洪宇教授合著的《陶行知年谱长编》四卷本，从写作到出版花费了十年多时间，人民教育出版社与我们的往返校对就花费了两年时间，校对了十余稿。此外，图书出版还要做好经费上的预算。

第四章　如何参加评奖？

做教科研的目的并不是为了评奖，但如果我们做出好的成果受到了有关部门的肯定与鼓励，也是一件非常值得高兴的事情，是对我们辛苦付出的褒奖。

一、有什么奖项可以参与？

南京市中小幼教师的教科研成果能够申报的专业类的奖项有全国教育科学研究优秀成果奖、江苏省教育科学优秀成果奖、江苏省教育研究成果奖、南京市教育科研成果创新奖，综合类的有南京市哲学社会科学优秀成果奖、江苏省哲学社会科学优秀成果奖。全国教育科学研究优秀成果奖和江苏省教育科学优秀成果奖五年评审一次，难度很大，尤其是全国教育科学研究优秀成果奖。

2021年第六届全国教育科学研究优秀成果奖获奖的共有344项，绝大部分获奖者是高校教师。此次评选江苏省共得奖28项，南京市基础教育界取得了不俗战绩，金陵中学实验小学的魏光明以著作《小学数学核心知识教学的理论与实践》获二等奖，金陵汇文学校小学部杨春基以著作《伙伴学习》、南京市实验幼儿园章丽以著作《幼儿园综合课程》获三等奖。

江苏省教育科学优秀成果奖也是五年一届，省教育科学规划办组织评审，与全国教育科学研究优秀成果奖相对应，其特等奖和一等奖是作为报送全国教育科学研究优秀成果奖的基础成果，它分为理论、实践和调研报告三个类型参加评比。2020年第五届江苏省教育科学优秀成果奖评出特等奖20项、一等奖80项、二等奖223项。其中魏光明、杨春基、章丽等获得全国奖项的成果都是本届省奖的特等奖。

江苏省教育研究成果奖由省教育厅组织评比，2021年评出一等奖20项、二等奖60项、三等奖120项，该奖项由各设区市教育局或高校遴选后推荐参评，南京市获得一等奖2项、二等奖2项、三等奖4项。

再来看综合类奖项评审。南京市哲学社会科学优秀成果奖两年评审一次，2020年第十五届总计评出89项获奖项目。第十五届评审中，南京市北京东路小学唐隽菁的著作《儿童在前，我在后》被评为一等奖，南京市天正小学王九红的著作《转识成智：基于小学数学教师PCK发展研究》被评为二等奖，南京航空航天大学附属高级中学吴长宏的著作《民国教育督导研究》、南京市游府西街小学万代红的论文《成长支持：做孩子的生命“合伙人”》、南京市教育局潘东标副局长的著作《职业教育：行走在追梦路上——现代职业教育的求索之路》被评为三等奖。

在市哲社奖评审获得排序较高的成果，会被市级推送参加江苏省哲学社会科学优秀成果奖评比。2020年我的一本专著就是因为这个原因被推送至省里参加评审，并顺利获得省哲社三等奖。省哲社成果奖也是两年评审一次，是省内人文社科系列的最高奖项。2020年省哲社奖共评出一等奖119项、二等奖300项、三等奖330项，其中作者为中小幼单位的二等奖3项、三等奖11项，大部分成果形式为专著。

我们可以发现，获奖的成果基本上以专著为主，这也是近些年的评奖趋势。相比较而言，单篇文章肯定比专著要单薄很多，除非是高质量期刊论文。我研究了江苏省哲学社会科学优秀成果奖的获奖名单，能够获奖的单篇论文基本上都是发表在《中国社会科学》或各学科顶刊上的。因此，如果要参评各类奖项，还是以著作形式参评为好，这也是我专门安排了一个章节来谈如何写好专著的原因。

二、如何做好申报?

想申报以上几种类型的奖项，需要提早做好规划。下面介绍一下我的经验。

2018年我用一本专著去参评南京市哲社成果奖，用一篇论文去参评省哲社成果奖，结果是专著顺利获评南京市哲社三等奖，论文最终未能获奖。因此我得出结论，论文获奖的难度很大，所以针对2020年的评审我决定要早做准备，以专著形式参加。同年底，我在中国社会科学出版社顺利出版专著一部，用以准备两年后的评审。2020年我以这部专著参加市评获得推荐后参加省评，最终获得三等奖。

2020年我开始规划2022年用什么成果参评，因此2020年我加快了各项研究成果的出版进度。2021年我在人民教育出版社顺利出版《陶行知年谱长编》四卷本，共184万字，拟用这一成果参评省哲社成果奖；2021年底在南京出版社顺利出版《一代中师记忆：晓庄师范师生口述史》三卷本，拟用这套书来参评南京市哲社成果奖；2020年底我出版了《群文阅读教学的理论与实践》一书，拟用这本书参评江苏省教育研究成果奖。2022年，我又推进了一本译著的出版工作，拟用译著参加两年后的评奖。我想说明的是，评奖并不是我们的目的，但以其为驱动方式，推动各项研究成果的深入，让我们时时刻刻保持工作的激情与动力，是一种很好的方法。

中國教師報

返回首页

2022年03月23日 星期三

上一篇

185万字全面记录陶行知生平、事业、著述和思想轨迹

《陶行知年谱长编》首发

本报讯（记者　康丽）　3月19日，“十四五”国家重点图书出版规划项目《陶行知年谱长编》首发式暨研讨会在京举行。会议由中国陶行知研究会和人民教育出版社共同主办。会上宣读了中国教育学会名誉会长、北京师范大学资深教授顾明远的贺信。全国政协常委兼副秘书长、民进中央副主席、中国陶行知研究会会长朱永新，全国人大常委会委员、中国教育学会副会长、中国陶行知研究会原常务副会长周洪宇，教育部教师工作司司长任友群，清华大学文科资深教授、中国教育学会副会长谢维和，北京外国语大学党委书记、中国教育学会国际教育分会理事长王定华，中国教育学会秘书长杨银付，人民教育出版社总编辑郭戈等专家与会并发言。

图4-1　《中国教师报》关于《陶行知年谱长编》首发的相关报道

除去做好规划以外，我们还要注意成果的社会影响，因为在评奖申报书中有一条明确提到社会影响。如果是论文成果，能被各类文摘转载，就有非常好的影响。如果是专著，有一些书评或者新书发布会的专家点评，效果更佳。如2022年4月，我们为《陶行知年谱长编》举办了新书发布会暨新时代大先生研讨会，会上顾明远先生写来贺信，朱永新教授、周洪宇教授、任友群司长、谢维和教授、王定华教授、杨银付教授、郭戈教授等对本书给予了高度评价，《中国教育报》《中国教师报》、光明网等媒体纷纷予以报道，形成了良好的社会影响。

后记

本书最早源于我给本科生编写的教学讲义。2016年左右，我在南京晓庄学院挑选了一批大二的孩子们跟我做研究，从大二带到大四，这三年间我们经常一起探讨，开组会研究，我给他们讲如何做学术研究，我们精诚合作最后顺利出版了《群文阅读教学的理论与实践》一书。这批孩子中有的考上了华东师范大学的研究生，有的考上了苏州大学的研究生，其他的均入职省内的中小学。我对这批学生的培养还是花费了一些心思的，当时想把本科生导师制做成特色、做成亮点，所以拟了一个“如何写好论文”的讲义雏形。

2020年9月，我挂职南京市雨花台区教育局副局长后，分管教师发展中心，经常到雨花台区的一线学校跟老师们做教科研工作交流，发现大家的需求不仅仅局限在写好论文上，还包括了如何做课题研究方面。为此我在2021年开始将讲义范围进一步扩大，利用平时有限的时间抓紧写作，想推出一本能够适用于中小幼教师教科研的普及性读物。不过当时由于我担任南京晓庄学院陶行知研究院副院长、幼儿师范学院副院长，还挂职雨花台区教育局副局长，行政事务日多，耽误了写作进程，书稿也就搁置不前了。直到2021年底遇到南京出版社的朱天乐副总编辑，他说这个书稿选题好，具有工具书的性质，要我加快写作进程。在他的催促下，我不得不又拿起间断的书稿，重新开始思考与写作，恰好有一整个寒假的时间让我去思考怎么修改完善。也正是利用这个时间空隙，我顺利写出了初稿并逐步完善丰富。

这本书的写作既是一种普及性的工作，也是对自己学术研究的回溯。因为在这个过程中，我翻看了十多年前我发表的文章、申报的课题，回顾自己不断进步的原因。这其中最重要的因素是我在华中师范大学攻读博士学位时，受到导师周洪宇教授的感染和熏陶。洪宇师没有因为我是中师毕业底子差而产生偏见，反而是和风细雨地关爱我，让我对学术研究产生了浓厚的兴趣，从被动地参与到主动地建构，从碎片化思考到系统性思维，实现了学术研究的不断进步。当然，回到这本书来看，确实，我们基层老师也需要一些工具性的指导，能让我们在研究中少走弯路。如果这本书对做教科研的老师们能起到微小的作用或启发，也会让我感到些许欣慰。

刘大伟